Deutsche Landkreise im Portrait

Landschaft und Natur

Freizeit und Kultur

Wirtschaft und Soziales

Kreis Schleswig-Flensburg

Herausgegeben in Zusammenarbeit
mit der Kreisverwaltung

Dritte, völlig neue Ausgabe 2004

Kommunikation & Wirtschaft GmbH • Oldenburg (Oldb)

Bibliographische Information der Deutschen Bibliothek
Die Deutsche Bibliothek verzeichnet diese Publikation in der Deutschen Nationalbibliographie; detaillierte bibliographische Daten sind im Internet über http://dnb.ddb.de abrufbar.

ISBN 3-88363-234-1

Das Buch erscheint in der Edition «Städte – Kreise – Regionen»
Alle Rechte bei Kommunikation & Wirtschaft GmbH, Oldenburg (Oldb)

Herausgegeben in Zusammenarbeit mit der Kreisverwaltung

Printed in Germany 2004

Das Manuskript ist Eigentum des Verlages. Alle Rechte vorbehalten. Auswahl und Zusammenstellung urheberrechtlich geschützt. Dem Buch liegen neben den illustrierten Autorentexten Bilder und PR-Texte der Firmen, Verwaltungen und Verbände zugrunde, die mit ihrer finanziellen Beteiligung das Erscheinen des Bandes ermöglicht haben. Sie sind im Anhang aufgeführt. Für die Richtigkeit der auf diesen Seiten gemachten Angaben übernehmen Verlag und Redaktion keine Haftung.

Druck & Lithograhien: Schlütersche Druck GmbH & Co. KG, Langenhagen

Bildnachweis: Seite 162

ISBN 3-88363-234-1

Der Inhalt

Vorwort

- **Vorwort** 7
  Kreispräsident Johannes Petersen und Landrat Jörg-Dietrich Kamischke

Kreis mit Lebensqualität

- **Der Kreis Schleswig-Flensburg – Tradition und Fortschritt** 8
  Landrat Jörg-Dietrich Kamischke

- **Eine Reise durch den Kreis – Selbstbewusste Städte, Ämter und Gemeinden** 13
  Oberamtsrat Gerd Aloe

- **Land und Leute zwischen Förde und Eider** 30
  Bernd Philipsen, Journalist

- **Von der Steinzeit bis heute – Impressionen aus der Kreisgeschichte** 34
  Landrat Jörg-Dietrich Kamischke

- **Eckpfeiler europäischer Geschichte: Schloss Gottorf und seine Museumssammlungen** 40
  Professor Dr. Herwig Guratzsch, Leitender Direktor der Stiftung Schleswig-Holsteinische Landesmuseen Schloss Gottorf

- **Danewerk – der Limes des Nordens** 45
  Museumsinspektor Nis Hardt, Leiter des Museums Danevirkegaarden, und
  Dr. Bernd Zich, wissenschaftlicher Angestellter im Archäologischen Landesamt Schleswig-Holstein
  und Geschäftsführer der Arbeitsgemeinschaft Ochsenweg

- **Mühlen, Katen, Herrenhäuser – sehenswerte Baudenkmale** 48
  Architekt Dipl.-Ing. Friedrich Wilhelm Wenner

- **Lebendiges Kunst- und Kulturleben** 52
  Dr. Matthias Schartl, Direktor der Kulturstiftung des Kreises Schleswig-Flensburg

■ Die dänische Minderheit im Kreis Schleswig-Flensburg 59
Heinrich Schultz, Vorsitzender des Kulturträgers der dänischen Minderheit im
Landesteil Südschleswig „Sydslesvigsk Forening"

■ Kirche auf dem Land – Begegnung von Tradition und Moderne 64
Pastor Johannes Ahrens, Ev.-Luth. Kirchenkreis Flensburg

Kreis mit Zukunft

■ Schleswig-Flensburg – Wirtschaftsstandort mit Perspektive 68
Walter Braasch, Präsident der Industrie- und Handelskammer zu Flensburg

■ Aktive Wirtschaftsförderung führt zum Erfolg 83
Dr. Klaus Matthiesen, Geschäftsführer der Wirtschaftsförderungs- und
Regionalentwicklungsgesellschaft Flensburg/Schleswig mbH

■ Wettbewerbsfähige Landwirtschaft 86
Kreisbauernvorsteher Rudolf Witt

■ Bauen im Kreis Schleswig-Flensburg 93
Dipl.-Ing. Kai Lorenzen-Silbernagel, Architekt BDB

■ Der Umwelt zuliebe: Natur- und Landschaftsschutz 100
Leitender Kreisverwaltungsdirektor Bogislav-Tessen von Gerlach,
Umwelt- und Kreisentwicklungsdezernent

■ Deutsch-dänische Zusammenarbeit in der
Region Sønderjylland-Schleswig 103
Kreispräsident Johannes Petersen, Mitglied im Vorstand der „Region Sønderjylland-Schleswig"

Kreis für Dienstleistungen

■ Handwerk – regionsverbunden und innovativ 105
Dipl.-Ing. Carsten Jensen, Präsident der Handwerkskammer Flensburg

■ Die Nord-Ostsee Sparkasse – Partner der Region 108
Reinhard Henseler, Vorsitzender des Vorstandes der Nord-Ostsee Sparkasse

Der Inhalt

- Genossenschaftsbanken – Partner in Stadt und Land 110
  Dipl.-Kfm. Joachim Prahst, Presseleiter des Genossenschaftsverbandes Norddeutschland e. V., und
  Bankdirektor Hans-Heinrich Langholz, Vorsitzender der Arbeitsgemeinschaft der Volksbanken und
  Raiffeisenbanken im Kreis Schleswig-Flensburg

- Abfallwirtschaft – Bürgernaher Entsorgungsservice mit der ASF 112
  Dipl.-Kfm. Aksel Busse, Geschäftsführer der Abfallwirtschaftsgesellschaft Flensburg mbH

- Soziale Vorsorge für Jung und Alt – Im Mittelpunkt steht der Mensch 118
  Kreisverwaltungsdirektor Lutz-Marko Meyer, Sozialdezernent des Kreises Schleswig-Flensburg

- Krankenhausversorgung mit Niveau 144
  Dieter Staack, Geschäftsführer der Martin-Luther-Krankenhaus Schleswig GmbH

Kreis für Ferien und Freizeit

- Tourismus „grenzenlos" – Stabiler Wirtschaftsfaktor zwischen 148
  Ostseeküste, Binnenland und Schlei
  Sonja Köntges, Tourismusmanagerin im Regionalmanagement Tourismus der Wirtschaftsförderungs-
  und Regionalentwicklungsgesellschaft Flensburg/Schleswig mbH

- Mit dem Rad durch das Land 155
  Bernd Blohm, Verwaltungsangestellter des Kreises Schleswig-Flensburg

- Ohne Ehrenamt geht nichts – Aktives Leben für das Gemeinwesen 160
  Dieter Heuer, ehemaliger Vorsitzender des Kreissportverbandes Schleswig-Flensburg

Anhang

- Verzeichnis der PR-Bildbeiträge 162

- Bildquellen 164

Dom Schleswig

Vorwort

Nach mehrjähriger Pause präsentiert der Verlag Kommunikation & Wirtschaft GmbH, Oldenburg, in Zusammenarbeit mit dem Kreis Schleswig-Flensburg eine dritte, völlig neue Ausgabe des Bildbandes über die Region im äußersten Norden Schleswig-Holsteins. Die Auswahl der Themen und Autoren verspricht erneut ein vielseitiges Bild des kommunalen, kulturellen und wirtschaftlichen Lebens in diesem Kreis. So bietet der Bildband seinen Lesern vielseitige Informationen über eine ländliche Region, die dank ihrer abwechslungsreichen Erholungslandschaft, erlesenen Gastfreundschaft und historischen Sehenswürdigkeiten zu den bevorzugten Reisezielen in Deutschland gehört. Weiten Raum nimmt die Selbstdarstellung der strukturprägenden Mittelstandsbetriebe des Kreises ein.

Allen, die an der Gestaltung dieses Buches durch Textbeiträge oder Bilder mitgewirkt haben, danken wir sehr herzlich.

Möge der neue Bildband des Kreises Schleswig Flensburg wie seine Vorgänger viele interessierte und zufriedene Leser finden.

Schleswig, im Sommer 2004

Johannes Petersen
Kreispräsident

Jörg-Dietrich Kamischke
Landrat

Der Kreis Schleswig-Flensburg – Tradition und Fortschritt

Jörg-Dietrich Kamischke

Seine heutige Gestalt erhielt der Kreis Schleswig-Flensburg im Jahr 1974, als die ehemaligen Kreise Schleswig und Flensburg-Land, die beide auf eine mehr als hundertjährige Geschichte zurückblicken konnten, vereinigt wurden. Mit seinen 2071 Quadratkilometern Fläche – das Bundesland Saarland ist nur unwesentlich größer – ist der Kreis Schleswig-Flensburg der zweitgrößte in Schleswig-Holstein und auch auf Bundesebene ein großer Flächenkreis. Sein Gebiet umfasst vier Städte und 132 ländliche Gemeinden. Die Zahl der Einwohner ist in stetigem Wachsen begriffen und beträgt derzeit rund 200 000. Die Kreisstadt Schleswig ist mit rund 27 000 Einwohnern der größte Ort im Kreisgebiet, gefolgt von der Stadt Kappeln und der Gemeinde Harrislee mit jeweils 10 000 sowie der Stadt Glücksburg mit etwa 6600 Einwohnern.

Außer der Kreisverwaltung mit ihrer Hauptstelle in Schleswig und einer Außenstelle in Flensburg arbeiten kommunale Verwaltungen in den Städten Schleswig, Kappeln und Glücksburg sowie in den Gemeinden Harrislee und Sörup. Für die Landgemeinden erfüllen 18 Amtsverwaltungen alle Aufgaben des „Kommunalmanagements".

Die Landschaft des Kreises Schleswig-Flensburg zeichnet sich durch eine im norddeutschen Raum seltene Vielfalt und Schönheit aus. Im Osten liegt das hügelige Angeln mit seinen fruchtbaren Wiesen und Weiden, den charakteristischen Knicks und großen Bauernhöfen. Abwechslungsreiche Fördenküsten mit Steilküsten und Stränden bilden an der Ostsee die natürliche Grenze im Norden. Das Bild der Schleswiger Geest auf dem Mittelrücken, früher wegen ihrer leichten Sandböden gegenüber Angeln wirtschaftlich benachteiligt, prägen heute leistungsfähige landwirtschaftliche Betriebe und gepflegte Dörfer. Im Südwesten schließen sich die von den Flüssen Eider, Treene und Sorge umgebenen weiten Niederungen der Landschaft Stapelholm an, die als Storchenparadies weit bekannt ist.

Die geographische Lage des Kreises Schleswig-Flensburg als Grenzkreis zum Königreich Dänemark und die reiche gemeinsame historische Tradition verpflichten hier nicht erst seit der Mitgliedschaft des Nachbarlandes in der Europäischen Union zu einer Politik der grenzüberschreitenden Partnerschaft und Zusammenarbeit. Seitdem sich die Kreise Schleswig-Flensburg und Nordfriesland, die Stadt Flensburg und Sønderjyllands Amt im Jahr 1997 zur Re-

Kreispräsident Johannes Petersen (rechts) und Landrat Jörg-Dietrich Kamischke repräsentieren den Kreis Schleswig-Flensburg seit vielen Jahren.

Kreis mit Lebensqualität

Das Schleswiger Kreishaus – Alt- und Neubau

gion Sønderjylland-Schleswig zusammengeschlossen haben, gewinnt das Bewusstsein, dass die deutsch-dänische Grenzregion mehr Entwicklungsmöglichkeiten im Miteinander hat, zunehmend an Boden. Viele gemeinsame Initiativen zielen darauf ab, über die Grenze hinweg ein regionales Profil zu formen, das im europäischen Wettbewerb wahrgenommen und honoriert wird. Der deutsch-dänische Grenzraum mit seinen modellhaft integrierten Minderheiten hat seine historischen Ursprünge durch modernes europäisches Denken als große Chance begriffen.

Positive interkommunale Verflechtungen in Wirtschaft, Kultur und Sozialwesen pflegt der Kreis Schleswig-Flensburg traditionell auch mit der kreisfreien Stadt Flensburg, dem Oberzentrum der Region, das vom Gebiet des Kreises Schleswig-Flensburg umschlossen ist.

Der Kreis verfügt über ein dichtes Netz gut ausgebauter Straßen. Von Norden nach Süden durchschneidet als wichtigste überregionale Verkehrsader die Autobahn 7 das Kreisgebiet und bildet den Anschluss an das europäische Fernstraßennetz. Überwiegend auf dieser Route wickelt sich der Skandinavienverkehr über die Grenzübergangsstelle Ellund ab. Parallel zur Autobahn verläuft die Bundesstraße 76. Ihr Grenzübergang in Kupfermühle und ein weiterer Übergang in Harrislee bringen der Autobahn vor allem in der Hauptreisezeit spürbare Entlastung.

Die Bundesstraße 199 durchzieht das nördliche Kreisgebiet von West nach Ost, die Bundesstraße 200 verbindet Flensburg und Husum, und die Bundesstraße 201 schließlich stellt eine Verbindung der Kreisstadt Schleswig mit Husum und Kappeln her. Ein ausgedehntes Netz von Landstraßen, Kreisstraßen und Gemeindewegen rundet die gute Verkehrserschließung des Raumes ab. Mit der Bahn ist der Kreis Schleswig-Flensburg von Hamburg, Flensburg, Kiel und Husum aus zu erreichen.

Von besonderer Bedeutung für den Kreis ist seine weitere strukturelle und wirtschaftliche Entwicklung. Tradition und Zuverlässigkeit unserer nach wie vor stark von der Landwirtschaft und vom Handwerk geprägten Wirtschaft sind wettbewerbswirksame Vorteile. Für die wirtschaftliche Entwicklung unserer Region wird jedoch zunehmend die technologische Innovation in mittelständischen Betrieben zum bestimmenden Faktor. Intensive Bemühungen von

Auf einen Blick

Der Kreis Schleswig-Flensburg ist ein moderner, zukunftsorientierter Standort mit einer langjährigen Tradition. Mit seinen 2071 Quadratkilometern Fläche erreicht er fast die Größe des Saarlandes und bietet seinen rund 200 000 Einwohnern in vier Städten und 132 ländlichen Gemeinden ein lebens- und liebenswertes Umfeld.

Langballigau

Wirtschaft, Verwaltung und Politik gelten der Erhaltung und der Schaffung von Arbeitsplätzen.

Wegen der reizvollen Landschaft und vielfältigen Naturausstattung ist der Fremdenverkehr im Norden Schleswig-Holsteins ein wichtiger Wirtschaftszweig. Für die vielen Gäste aus nah und fern stehen im Kreisgebiet hervorragende Erholungseinrichtungen zur Verfügung. Wanderwege, Radwege, Freizeitanlagen, Schwimmbäder, Campingplätze und ein großes Bettenangebot erschließen das herrliche Feriengebiet an Flensburger Förde, Schlei, Treene und Eider, ohne den ursprünglichen Charakter der Naturräume und die Erholungsfunktion der Landschaft zu beeinträchtigen. Dass sich der Tourismus zusehends auch auf das Binnenland ausdehnt, verdanken wir der Schönheit unserer Dörfer und einer gut ausgebauten Gastronomie. Vor allem die Ferien auf dem Bauernhof erfreuen sich bei vielen auswärtigen Gästen zunehmender Beliebtheit.

Beim Kreis Schleswig-Flensburg ist man sich bewusst, dass es eine der Hauptaufgaben auch der Kommunen in den kommenden Jahren sein wird, die berechtigten Ansprüche der Wirtschaft und der Bevölkerung auf Nutzung des natürlichen Lebensraumes in Einklang zu bringen mit den ebenso berechtigten Ansprüchen der gegenwärtigen wie der kommenden Generationen auf eine lebendige Natur und eine heile Landschaft, auf sauberes Wasser und reine Luft. Diesem Ziel dienen zahlreiche Aktivitäten, wie die Ausweisung von Landschaftsschutzgebieten, die Renaturierung ausgebeuteter Kiesgruben, die Wiedervernässung erhaltenswerter Moore, die Erhöhung des Waldanteils, die Pflege zentraler Ortsentwässerungsanlagen und vieles mehr.

Neben der intakten Natur und dem

Kreis mit Lebensqualität

Das Wasserschloss Glücksburg der Herzöge zu Schleswig-Holstein, erbaut 1582–87, diente zeitweise als königliche Residenz und Verwaltungssitz der Herzogtümer Glücksburg. Seit 1922 ist das bewohnbare Haus als Museum und Ort kultureller Veranstaltungen der Öffentlichkeit zugänglich. Als Drehschauplatz der ZDF-Fernsehserie „Der Fürst und das Mädchen" wurde das Wasserschloss bundesweit bekannt.

hohen Erholungswert schätzen die Feriengäste am Kreis Schleswig-Flensburg auch sein kulturhistorisches Potenzial. Das Schleswig-Holsteinische Landesmuseum auf Schloss Gottorf, das Landschaftsmuseum Angeln in Unewatt, Haithabu – der alte Handelsplatz der Wikinger –, die Wallanlagen des Danewerks mit dem Museum Danevirkegaarden sowie historische Funde und Sehenswürdigkeiten in Landes- und Dorfmuseen suchen in dieser Art und Vielfalt in der Bundesrepublik Deutschland ihresgleichen.

Die Kulturarbeit hat gerade im Landesteil Schleswig eine gute alte Tradition. Durch die Kulturstiftung des Kreises Schleswig-Flensburg wird den Bürgern ein ungewöhnlich breites kulturelles Angebot offeriert. So werden Jugendliche und Erwachsene u. a. in den Kunstwerkstätten zu phantasievoller künstlerischer Artikulation ermutigt. Die Pflege der Sprache und des Brauchtums, das Bewusstsein über die Besonderheiten der heimatlichen Landschaft, ihre Baustile und Geschichte haben im Kreis einen hohen Stellenwert. Die musisch-kulturelle Arbeit abseits der großen Bevölkerungszentren, zum Beispiel in der Akademie Sankelmark oder dem Internationalen Jugendhof Scheersberg, bedeutet auch in finanziell schwieriger Zeit ein wichtiges Stück Lebensqualität für die Menschen im ländlichen Raum.

Die Bevölkerung einer großen Gebietskörperschaft stellt auch hohe Anforderungen an die soziale Vorsorge. Die Realisierung der Chancengleichheit für Kinder in ländlichen und städtischen Räumen war und ist ein Kernstück der bildungspolitischen Konzeption des Kreises. So liegt das Schwergewicht der Jugendarbeit darin, den Heranwachsenden das notwendige Rüstzeug für ihr späteres Leben mit auf den Weg zu geben. Beim Ausbau des Schulwesens sind die kommunalen Schulträger nicht selten bis an die Grenze ihrer finanziellen Leistungsfähigkeit gegangen. Das Ergebnis kann sich sehen lassen: Die Zielsetzungen des schleswig-holsteinischen Generalschulbauplanes wurden erreicht, und die Schulen tragen in ihrer inneren wie äußeren Gestaltung alle Merkmale moderner Pädagogik.

Auf seinem Weg in die Zukunft sieht sich der Kreis Schleswig-Flensburg inmitten der raschen Entwicklungen unserer Zeit einer Fülle von Aufgaben gegenüber, die hohe Anforderungen an die Mandatsträger und die Verwaltung stellen. Dabei wird das kommunalpolitische Geschehen heute von anderen Schwerpunkten bestimmt als in den Gründerjahren des Kreises, die eindeutig im Zeichen des Aufbaus standen. Dank großer Investitionen verfügt der Kreis heute über ein Leistungsangebot an Schulen, Sportstätten, Verkehrswegen, Ver- und Entsorgungseinrichtungen sowie sozialen Institutionen, dessen Umfang, Qualität und Modernität keinen Vergleich zu scheuen braucht.

Die kommenden Jahre verlangen eine verantwortungsbewusste Pflege des Aufgebauten und eine sinnvolle Ergänzung und Verbesserung im Rahmen der gegenwärtig geringeren finanziellen Möglichkeiten. Tradition und Fortschritt – im Kreis Schleswig-Flensburg sind sie in fruchtbarer Symbiose vereint.

Kreis mit Lebensqualität

Eine Reise durch den Kreis – Selbstbewusste Städte, Ämter und Gemeinden

Gerd Aloe

Selbstbewusst? – Keine Frage, das sind sie, die vier Städte, zwei amtsfreien Gemeinden und 18 Ämter mit ihren 130 amtsangehörigen Gemeinden im Kreis Schleswig-Flensburg. Bevor wir uns nun jedoch auf die Reise durch den Kreis begeben, sollten eingangs einige grundsätzliche Worte zum Selbstbewusstsein gesagt werden, die gleichermaßen für alle Kommunen im Kreis gelten.

Sie alle gestalten im Rahmen ihrer Dorf- und ländlichen Regionalentwicklung mit großem Engagement ihr Persönlichkeitsprofil, wobei die zurzeit stark eingeschränkten Mittel der öffentlichen Haushalte und anhaltende Debatten über Kostensenkungen ungewollte Grenzen setzen. Sie formulieren Ideen und Forderungen mit viel Geschick und Durchsetzungskraft und sind dabei stets bereit, Verantwortung und neue Aufgaben zu übernehmen, die mit Blick auf Bürgerfreundlichkeit und Effizienz örtlichen Verwaltungshandelns Sinn machen. Doch bei allem steht der Mensch im Mittelpunkt, denn der ist es, der die örtliche Gemeinschaft ausmacht und der mit seinem Engagement in ehrenamtlicher Arbeit in der kommunalen Selbstverwaltung und im Sport- oder Sozialbereich das Selbstbewusstsein prägt.

Auch sehen sich die Kommunen des Kreises Schleswig-Flensburg lange nicht mehr als Einzelkämpfer, sondern suchen im Rahmen interkommunaler Zusammenarbeit nach neuen zukunftsträchtigen Wegen. Unterstützt durch den Schleswig-Holsteinischen Gemeindetag, den Kreisverband Schleswig-Flensburg und den Fachverband der Leitenden Verwaltungsbeamten sind bereits heute viele gemeinsame Projekte – wie zum Beispiel die Funktionalreform im Kreis, die Bestellung eines gemeinsamen behördlichen Datenschutzbeauftragten, die Schaffung eines kreisweiten E-Mail-Systems oder die Umsetzung des Archivgesetzes – durchgeführt worden.

Süderstapel: malerisches Dorf in Stapelholm

Die schon heute vorhandenen Kooperationen zwischen benachbarten Städten, amtsfreien Gemeinden und Ämtern werden mit viel Weitsicht, aber auch Vorsicht ausgebaut, wobei das gern genannte Ziel der Schaffung von gemeinsamen Kompetenzzentren eine noch nicht näher definierte Rolle spielt. Wichtig für diese zukunftsträchtigen Gedanken sind jedoch die Akzeptanz in der Bevölkerung und die örtlichen und landespolitischen Vorgaben, ohne die eine Umsetzung durch die betroffenen Verwaltungseinheiten nicht möglich ist. Ob die Verwaltungen es schaffen, die Pferde zu

Fortsetzung Seite 16

Brücke über die Treene in Treia, Goosholz

Wir über uns: Das Amt Kropp

Im Südwesten des Kreisgebietes gelegen, bilden die Gemeinden Alt Bennebek, Börm, Dörpstedt, Groß Rheide, Klein Bennebek, Klein Rheide, Kropp und Tetenhusen das Amt Kropp.

Von den insgesamt circa 10 800 Einwohnern leben 6400 in Kropp. Das Unterzentrum Kropp dominiert durch seine Größe das Amt. Dies wird u. a. auch dadurch dokumentiert, dass das Amt keine eigene Verwaltung hat. Es bedient sich der Geschäftsführung der Gemeinde Kropp.

Kropp wiederum ist Standort des Aufklärungsgeschwaders 51 „Immelmann" der Bundesluftwaffe, mit circa 2150 Soldaten und zivilen Mitarbeitern der größte Arbeitgeber der Region. Weitere wichtige und zahlreiche Arbeitsplätze der Region bietet das Diakoniewerk Kropp.

Neben dem Anziehungspunkt Ochsenweg besuchen viele Touristen und Einheimische den Schulwald in Tetenhusen. Börm und Dörpstedt tragen mit ihren Niederungsgebieten zum Erhalt des Storchendorfes Bergenhusen bei. Die Orte Alt Bennebek, Klein Bennebek, Groß Rheide und Klein Rheide sind durch die Landwirtschaft geprägt.

Der Hörnerplatz in Kropp am historischen Ochsenweg/Heerweg

Kreis mit Lebensqualität

Eines der vielen typischen Reetdachhäuser (Baujahr 1782) in der Landschaft Stapelholm

Das Amt Silberstedt

Das Gebiet des Amtes Silberstedt mit den Gemeinden Bollingstedt, Ellingstedt, Hollingstedt, Jübek, Treia und dem ländlichen Zentralort Silberstedt genießt durch seine günstige Lage zu den Kreisstädten Schleswig und Husum besondere Attraktivität. Ein Einwohnerzuwachs von rund 2000 Menschen in den vergangenen zehn Jahren hat die Einwohnerzahl auf mehr als 9500 ansteigen lassen.

Neben allen Formen einer geschätzten Infrastruktur, wie Kindergärten, Grundschulen, Haupt- und Realschule sowie dänischer Schule und Einrichtungen der Erwachsenenbildung sowie der Seniorenbetreuung, bestehen hervorragende Einkaufsmöglichkeiten für den täglichen Bedarf. Der Amtsbereich bietet mit seiner idyllischen Wiesen- und Waldlandschaft, durchzogen von der Treene, den Urlaubern, hier insbesondere den Anglern und Kanufahrern, aber auch den Fahrradtouristen, Erholung und Ruhe in freier Natur. Gepflegte Gasthöfe und Hotels sowie zahlreiche Ferienwohnungen und Gästezimmer stehen für die Urlauber zur Verfügung.

Möglichkeiten zur Gewerbeansiedlung bestehen verstärkt im Amtsgewerbegebiet des Zentralortes Silberstedt.

Das Amt Stapelholm

Im südlichen Teil des Kreisgebietes bilden die Gemeinden Bergenhusen, Erfde, Meggerdorf, Norderstapel, Süderstapel, Tielen und Wohlde das Amt Stapelholm in der Kernregion des „ETS"-Gebietes.

In dieser Landschaft zwischen feuchten Niederungen mit den Flüssen Eider, Treene und Sorge und sanften Höhenzügen hat sich viel Ursprüngliches bewahrt. Der Sitz der Amtsverwaltung befindet sich in Norderstapel. Der Nachbarort Süderstapel, an der „Großen Eiderschleife" gelegen, öffnete sich sehr früh für den Tourismus. Hier findet man den größten Campingplatz und die meisten Gästezimmer.

Europaweit bekannt ist das Storchendorf Bergenhusen, wo eine Vielzahl von Weißstörchen den Sommer verbringen. Die Orte Wohlde und Meggerdorf mit ihren Niederungsgebieten sind landwirtschaftlich geprägt.

Der ländliche Zentralort Erfde mit den Ortsteilen Bargen und Scheppern mit insgesamt circa 2100 Einwohnern ist die größte Gemeinde mit Sitz weit über die Grenzen hinaus bekannter selbstständiger Betriebe. Tielen dominiert durch die landwirtschaftliche Nutzung der Flächen an der Kreisgrenze zu Dithmarschen.

Auf einen Blick

■ **Amt Kropp**

Einwohner: 10 800

Gemeinden:
Alt Bennebek, Börm, Dörpstedt, Goß Rheide, Klein Bennebek, Klein Rheide, Kropp, Tetenhusen

■ **Amt Silberstedt**

Einwohner: 9500

Gemeinden:
Bollingstedt, Ellingstedt, Hollingstedt, Jübek, Silberstedt, Treia

■ **Amt Stapelholm**

Einwohner: 6100

Gemeinden:
Bergenhusen, Erfde, Meggerdorf, Norderstapel, Süderstapel, Tielen, Wohlde

Blick über die Schlei bei Schleswig

satteln, die von den Verantwortlichen geritten werden wollen, bleibt abzuwarten.

Trotz dieser aufgezeigten zukunftsträchtigen Wege halte ich es lieber mit dem Satz: „Um die Zukunft zu erreichen, muss man erst einmal die Gegenwart überstehen." Und hier sind wir wieder beim Selbstbewusstsein, das uns sicherlich helfen wird, die täglich neuen Herausforderungen anzunehmen.

Doch begleiten Sie mich nun auf eine Rundreise durch den Kreis Schleswig-Flensburg, der sich durch seine Vielfalt und Schönheit auszeichnet. Start und Ziel unserer Reise soll die **Kreisstadt Schleswig** sein. Diese bedeutende kulturhistorische Stadt mit ihren rund 26 000 Einwohnern hat für Einheimische wie für Touristen viel zu bieten. Ob das Schloss Gottorf, der Schleswiger Dom mit seinem berühmten Brüggemann-Altar, die Landesmuseen, die zahlreichen Baudenkmale im Stadtgebiet oder die alte Fischersiedlung „Holm" – bei einem Spaziergang durch die Stadt ist Abwechslung garantiert. Die alle zwei Jahre stattfindenden Wikingertage bieten Gelegenheit, die längst vergangene Wikingerzeit im Rahmen eines Stadtfestes neu zu erleben. Auf der Suche nach Kooperationsmöglichkeiten werden zwischen der Stadt Schleswig und dem Umland (Ämter Tolk, Haddeby und Schuby) seit einiger Zeit Gespräche geführt.

Das **Amt Schuby** liegt mit seinen fünf Gemeinden in reizvoller Landschaft auf dem Geestrücken in unmittelbarer Nähe zur angrenzenden Kreisstadt Schleswig. Im Rahmen der Schleswig-Umland-Planung ist die Ausweisung neuer Baugebiete für Wohnbauflächen in allen Gemeinden des Amtes aktuelles Thema. In der Gemeinde Schuby werden zurzeit vier Hektar Gewerbeflächen erschlossen und mit EU-Mitteln in Höhe von rund 400 000 Euro gefördert. Besonders zu erwähnen ist noch, dass die Amtsverwaltung Schuby mit eigenem Personal die örtliche Postagentur betreibt.

In unmittelbarer südlicher Nachbarschaft liegt das **Amt Haddeby**, das ebenfalls an die Kreisstadt grenzt. Es ist reich an geschichtlichen Stätten und hat seinen Namen von dem ehemaligen Wikinger-Handelsplatz „Haithabu" am Haddebyer Noor erhalten. Ein Besuch des Wikinger Museums im Ortsteil Haddeby der Gemeinde Busdorf lohnt sich allemal. Besonders erwähnenswert sind außerdem die Runensteine von Busdorf und die Danewerkwälle mit der Waldemarsmauer in der Gemeinde Dannewerk. In den Jahren 1998/99 hat das Amt Haddeby mit

Kreis mit Lebensqualität

Das Tor der Schlei zur Ostsee: Maasholm

seinen acht Gemeinden das Amtsgewerbegebiet Wikingerland in einer Größe von insgesamt 21,7 Hektar erschlossen. Bereits 80 Prozent der Gewerbeflächen wurden inzwischen verkauft, sodass man von einer erfolgreichen Vermarktung sprechen kann. Der Autohof „Wikingerland" wurde 2003 durch den ADAC als zweitbester Rastplatz Europas ausgezeichnet.

Reisen wir weiter in südlicher Richtung, erreichen wir das **Amt Kropp**. Es hat mit seinen Gemeinden einen Dorfentwicklungsplan für öffentliche und private Maßnahmen aufgestellt. Beispielhaft werden als öffentliche Maßnahmen das Mehrzweckgebäude in der Gemeinde Dörpstedt, die Ortsbegegnungsstätte in Klein Bennebek, der Landschaftserlebnispfad Ochsenweg und die Ortsbegegnungsstätte „Forum" in der Gemeinde Kropp sowie als private Maßnahmen diverse Fassaden- und Reetdachsanierungen genannt. Erwähnenswert sind die noch im Anfangsstadium befindlichen Planungen zur eventuellen Errichtung eines Gymnasiums (Kooperative Gesamtschule) in der Gemeinde Kropp. Das Amt Kropp hat übrigens im Rahmen der Funktionalreform im Kreis bis heute mehrfach versucht, die Bauaufsicht auf der örtlichen Ebene anzusiedeln. Eine Besonderheit: Die Geschäfte des Amtes Kropp mit seinen acht Gemeinden werden von der hauptamtlich verwalteten Gemeinde Kropp (Unterzentrum) geführt.

Auf unserer weiteren Reise erreichen wir nun im südlichsten Zipfel des Kreises das **Amt Stapelholm**. Es grenzt an drei weitere Kreise, nämlich Rendsburg-Eckernförde, Dithmarschen und Nordfriesland. Das Gebiet der Landschaft Stapelholm wird geprägt und durchzogen von den weiten Wiesentälern der Eider und ihrer Nebenflüsse Treene und Sorge. Die Eider-Treene-Sorge-Niederungen sind lebenswichtiges Rückzugsgebiet für den seltenen Weißstorch und zahlreiche andere Wiesenvögel. Besonders bekannt als „Storchendorf" ist die Gemeinde Bergenhusen. Das Amt Stapelholm gehört mit neun weiteren Ämtern (auch der Nachbarkreise) der Eider-Treene-Sorge GmbH an, die mit dem Ziel, eine nachhaltige Regionalförderung zu forcieren, gegründet wurde.

Mit einem Sprung zurück über die Gemeinde Dörpstedt im Amt Kropp begeben wir uns nun in nördlicher Richtung in das **Amt Silberstedt**. Die typische, reizvolle Geestlandschaft, durchzogen von der Treene und der Bollingstedter Au, sowie die günstige Lage zu den Kreisstädten Schles-

Fortsetzung Seite 21

Das Gründerhaus der Fleischwarenfabrik Redlefsen beherbergt heute das Dorfmuseum „Satruphuus".

Wir über uns: Das Amt Satrup

Aus den Gemeinden Satrup, Esmark, Rehberg, Rüde und Obdrup wurde 1947 das Amt Satrup gegründet und betreute rund 4000 Einwohner. Heute umfasst der Amtsbezirk 5568 Hektar Fläche mit rund 5400 Einwohnern.

Die Gemeinde Schnarup-Thumby ist 1970 aus dem Zusammenschluss der bis dahin eigenständigen Gemeinden Schnarup und Thumby entstanden. Sie ist mit einer Fläche von 1072 Hektar heute das Zuhause von rund 600 Einwohnern. Das Ortsbild ist geprägt von der Landwirtschaft und der Ansiedlung verschiedener handwerklicher Betriebe. Lebendige Vereine, Sportmöglichkeiten, Feuerwehr und Chöre sichern das kulturelle Leben. Feriengäste schätzen die ländliche Lage in Schnarup-Thumby und finden hier Ruhe und Erholung.

1490 Hektar misst die Gemeinde Havetoftloit, die inmitten der Landschaft Angeln liegt und rund 950 Einwohner zählt. Sie besteht aus den bis 1970/74 eigenständigen Gemeinden Havetoftloit, Dammholm und Torsballig und ist stark landwirtschaftlich strukturiert. Das sportliche und kulturelle Leben wird hier durch ein reges Vereinsleben und drei Ortswehren bestimmt. Das 1994 neu errichtete Bürgerhaus ist Zentrum des gesellschaftlichen Lebens. Verlockend für Besucher sind die schönen Wanderwege, ein gut ausgebautes Radwegenetz, Reitmöglichkeiten sowie das Naturschutzgebiet „Hechtmoor".

Rüde (entstanden aus den ehemaligen eigenständigen Gemeinden Groß-Rüde und Klein-Rüde) ist mit rund 610 Hektar Fläche und 370 Einwohnern die kleinste Gemeinde im Amt Satrup. Sie ist ein Teil der schönen Angelner Landschaft und lädt in Wald und Moor zu ausgedehnten Spaziergängen ein. Trotz der geringen

Havetoftloit: Hechtmoor

Kreis mit Lebensqualität

Der Betrieb der Windmühle begann am jetzigen Standort im Jahr 1886, übernommen von Heinrich N. Clausen 1894, heute Sitz der Firma Clausen GmbH & Co. KG, Getreidemühle und Energiewerk.

Auf einen Blick

Gründungsjahr:
1947 gebildet
(Gebietsreform 1970)

Einwohner:
ca. 5400 gesamt,
Satrup 3500, Havetoftloit 950, Schnarup-Thumby 600, Rüde 370

Fläche: 5568 ha

Angebot/Infrastruktur:
Einkaufsmöglichkeiten, Schulstandort mit Gymnasium, ausgeprägtes Kultur-, Bildungs- und Freizeitspektrum, Landschaft mit Erholungswert

∎ Amt Satrup

Die Kirche von Schnarup-Thumby

Einwohnerzahl hat sich in Rüde mit der freiwilligen Feuerwehr, dem Seniorenclub, der Kinder- und Jugendgruppe, dem „Kleinen Rüder Chor" und der Theatergruppe ein reges Vereinsleben entwickelt.

Die Gemeinde Satrup ist mit einer Größe von 2396 Hektar und circa 3500 Einwohnern die größte der amtsangehörigen Gemeinden und zugleich Sitz der Amtsverwaltung. Sie entstand 1970 aus den bis dahin eigenständigen Gemeinden Satrup, Esmark, Obdrup und Rehberg.

Der „zentrale Ort" Satrup ist seit mehr als 130 Jahren Standort für Industrie, Handel und Gewerbe. Ein lebendiges Kulturleben sichern auch hier die zahlreichen Vereine und Feuerwehren. Aber auch ein einzigartiges Schulangebot zeichnet Satrup aus.

Bewegungsfreiheit finden Sportler auf verschiedensten Plätzen, und die gut ausgebauten Rad- und Fußwanderwege laden sowohl Einheimische als auch Gäste zu einem Ausflug durch reizvolle Moore und Wälder ein.

Auf einen Blick

Einwohner:
ca. 6350

Amtsangehörige Gemeinden:
Gelting, Hasselberg, Kronsgaard, Maasholm, Nieby, Pommerby, Rabel, Rabenholz, Stangheck, Stoltebüll

Sehenswürdigkeiten:
u. a. Schloss Gelting, versch. Herrenhäuser, Leuchtturm Falshöft, Fischerdorf Maasholm, Integrierte Station Geltinger Birk, Naturerlebniszentrum Maasholm-Oehe-Schleimünde

■
Amt Gelting

Blick auf die Mühle Charlotte am Eingang zum Wanderweg der Geltinger Birk

Wir über uns: Amt Gelting

Das Amt Gelting verwaltet zehn Gemeinden im Umland des Zentralortes Gelting, der auch Erholungs-, Luftkur- und Kneippkurort ist. Dieses Ostseeferiengebiet – eingerahmt zwischen Flensburger Förde, Ostsee und Schlei – ist einer der größten touristischen Anbieter im Kreis Schleswig-Flensburg. Der Rundwanderweg um das Naturschutzgebiet Geltinger Birk zählt im Deutschen Wanderführer zu den zehn schönsten Wanderwegen Deutschlands.

Neben zwei in kommunaler Trägerschaft liegenden Naturschutzzentren hat das Amt erst kürzlich den Leuchtturm Falshöft erworben, um die dort stattfindenden Eheschließungen mit ihren touristischen Synergieeffekten sicherzustellen.

Naturidylle Treene

Auf einen Blick

Lage:
Prägung durch die Lage am landschaftlich reizvollen Urstromtal der Treene und die Nähe zum Oberzentrum Flensburg

Fläche: 83,37 km²

Einwohner: 10 657

Freizeit und Erholung:
Naherholungsgebiet Fröruper Berge, Treene, Sankelmarker See, Freizeitbäder in Tarp und Sieverstedt

■
Amt Oeversee

Wir über uns: Amt Oeversee

Die vier Gemeinden Oeversee, Sankelmark, Sieverstedt und Tarp bilden das Amt Oeversee. Geprägt wurde dieser Bereich durch die Lage am landschaftlich reizvollen Urstromtal der Treene und durch die Nähe zum Oberzentrum Flensburg. Tarp ist ein beliebtes Einkaufszentrum und verkehrsmäßig gut erreichbar. Es ist heute Unterzentrum und Sitz der Amtsverwaltung. Alle amtsangehörigen Gemeinden bieten vielfältige Möglichkeiten der Freizeitgestaltung. Besonders attraktiv für den Fremdenverkehr – aber auch für die Einheimischen – sind das Naherholungsgebiet Fröruper Berge, die Treene, der Sankelmarker See, die Freizeitbäder in Tarp und Sieverstedt und die in vielen Ortsteilen noch erhaltene dörfliche Struktur. Einige Kirchen sind mehr als 800 Jahre alt.

Kreis mit Lebensqualität

Niehuuser See im Winter

wig und Husum machen das Amt mit seinen sechs Gemeinden besonders attraktiv. Die Einwohnerzahl liegt nach einem Zuwachs von rund 2000 jetzt bei über 9500. Baugrundstücke und Gewerbeflächen zu günstigen Preisen bieten weitere Entwicklungsmöglichkeiten.

Nach nur kurzer Fahrt erreichen wir das **Amt Oeversee** mit seinem Amtssitz im heutigen Unterzentrum Tarp. Neben dem Naherholungsgebiet Fröruper Berge, der Treene und dem Sankelmarker See sorgen der Landeskundliche Park Munkwolstrup und der historische Sankelmarker Weg für vielfältige Möglichkeiten, als Tourist oder Einheimischer seine Freizeit zu gestalten. Besonders hervorzuheben ist die Kooperation mit dem Nachbaramt Eggebek, die sich auch schon aufgrund der geographischen Lage – die Amtssitze liegen nur fünf Kilometer voneinander entfernt – anbietet. Im Rahmen dieser Kooperation wurden ein gemeinsames Tourismuskonzept erstellt und eine umfassende verwaltungsmäßige Zusammenarbeit vereinbart. Allerdings haben diese beiden Ämter auch gemeinsame aktuelle und nicht unerhebliche Konversionsprobleme durch die bevorstehende Auflösung des Marinefliegergeschwaders 2 in Tarp und des dazugehörigen Flugplatzes in Eggebek zu meistern.

Damit sind wir dann auch schon im **Amt Eggebek**, das im Städtedreieck Schleswig–Flensburg–Husum liegt. Der Amtsbereich ist stark landwirtschaftlich geprägt und verfügt über ein hohes Naturpotenzial und eine reizvolle Landschaft. Das Pobüller Bauernholz und die Düne Rimmelsberg mit der für Schleswig-Holstein einmaligen Wacholderlandschaft sind als Naturschutzgebiete ausgewiesen. Auch hier finden wir die Treene wieder, die sich als landschaftliches Kleinod mit ihren Zuflüssen Jerrisbek und Jörlau durch den Amtsbereich schlängelt. Neben der schon angesprochenen Kooperation mit dem Amt Oeversee wurde in Eggebek als herausragendes regionales Leitprojekt in der Dorfentwicklung ein Dienstleistungszentrum geschaffen, das u. a. einen Gewerbe- und Gründerhof, die Amtsverwaltung, die Polizeistation und ein Bürgerforum als Kulturstätte und vernetzendes Element des öffentlichen Teils beherbergt.

Setzen wir nun unsere Reise in nordwestliche Richtung ins **Amt Schafflund** fort. Das flächenmäßig größte Amt des Kreises mit seinen 13 Gemeinden und über 12 000 Einwohnern stellt sich gerne unter dem Motto

Der Yachthafen von Arnis: der kleinsten Stadt Deutschlands

„Genießen Sie Natur pur" vor und bietet viele schöne Ecken: zum Beispiel im Jardelunder Moor, im Bereich des Schafflunder Mühlenstromes oder der Wallsbek und der Linnau. Das Amt übt eine politische und administrative Klammerfunktion aus. So ist es u. a. Träger des Brandschutzes, Schulträger und auch Mehrheitsgesellschafter der Sozialstation. Im Rahmen der Ländlichen Struktur- und Entwicklungsanalyse (LSE) konnten Projekte wie ein Wohlfühl- und Gesundheitszentrum in Schafflund, Dorfgemeinschaftshäuser und Multifunktionshallen in Großenwiehe und Medelby umgesetzt werden.

Nach einer Fahrt über die Bundesstraße 199 in Richtung Flensburg gilt unser nächster Stopp dem **Amt Handewitt**. Vor den Toren des Oberzentrums Flensburg gelegen, besteht das Amt, völlig untypisch für die Verwaltungsgliederung in Schleswig-Holstein, nur aus zwei großen Gemeinden. Dies sind die Großgemeinde Handewitt mit rund 6100 Einwohnern und die Gemeinde Jarplund-Weding mit rund 4500 Einwohnern, die durch ihre unmittelbare Nähe zur Stadt Flensburg und ihre hervorragende Infrastruktur gekennzeichnet sind. Während die Gemeinde Jarplund-Weding in den letzten Jahren Gewerbeflächen von etwa 30 Hektar unmittelbar an der Bundesstraße 200 und der Autobahn 7 vermarkten konnte, hat die Gemeinde Handewitt in enger Zusammenarbeit mit der Stadt Flensburg ein gemeinsames Gewerbegebiet an der Bundesstraße 199 und der Autobahn 7 entwickelt.

Nördlich an den Amtsbezirk Handewitt grenzt die amtsfreie **Gemeinde Harrislee**: umgeben von Wasser, Wäldern und Feldern, aber dennoch ein optimaler Wirtschaftsstandort. Hier kann man idyllisch wohnen, ohne auf ein vielseitiges Angebot an Kultur, Freizeit- und Einkaufsmöglichkeiten verzichten zu müssen. Über 11 000 Einwohner und eine Vielzahl von Betrieben haben sich nicht ohne Grund für Harrislee entschieden. In nur fünf Minuten gelangt man mit dem Auto an

Fortsetzung Seite 24

Kreis mit Lebensqualität

Hof „Otzen" in Weding

Bild unten: Historische Kirche zu Handewitt

Wir über uns: Amt Handewitt

Am 1. Oktober 1889 wurde aus den Gemeinden Handewitt, Ellund, Gottrupel, Timmersiek, Hüllerup, Haurup und Weding das Amt Handewitt gebildet. In der derzeitigen Form besteht diese Verwaltungsgemeinschaft seit der Kommunalreform 1974; die Gemeinde Jarplund wurde im Rahmen der Gemeindezusammenlegung mit der Gemeinde Weding Ende Januar 1974 aus dem Amt Oeversee aus- und im Februar 1974 in das Amt Handewitt eingegliedert.

Das Amtsgebiet umfasst eine Fläche von circa 7810 Hektar. Rund 10 600 Einwohner sind hier zu Hause.

Das Bild des Amtes wurde ursprünglich geprägt von der Landwirtschaft. Handwerksbetriebe, Hoch- und Tiefbaufirmen, Omnibusbetriebe, Handel, Banken, Zuliefererbetriebe für die EDV-Branche und weitere Dienstleistungsunternehmen sind mittlerweile jedoch erstes Standbein für eine gesunde, wachsende Wirtschaftsregion geworden. Arzt- und Zahnarztpraxen, medizinische Versorgungsbetriebe und gastronomische Betriebe runden das Bild ab.

Auf einen Blick

Gründungsjahr: 1889

Fläche: ca. 7810 ha

Einwohner: rund 10 600

Gemeinden:

Handewitt mit den Ortsteilen
– Handewitt
– Ellund
– Gottrupel
– Timmersiek
– Hüllerup
– Haurup

Jarplund-Weding mit den Ortsteilen
– Jarplund
– Weding

Amt Handewitt

die dänische Grenze oder nach Flensburg. Ein besonderer Treffpunkt ist das Rathaus, in dem nicht selten der Sitzungssaal auch für Konzerte und Theateraufführungen genutzt wird. Bei der Erschließung neuer Bebauungsgebiete wird strikt darauf geachtet, dass diese sich möglichst behutsam in das Landschaftsbild einfügen und die Umwelt schonen. Harrislee bietet erschlossene Gewerbegrundstücke mit sehr guten Verkehrsanbindungen (A 7) zu einem günstigen Preis an.

Sie merken vielleicht, dass man sich für eine Rundreise durch den Kreis schon etwas mehr Zeit nehmen muss, denn wir haben nun erst die Hälfte der Strecke bewältigt. Da uns noch viel Wissenswertes erwartet, machen wir keine große Pause, sondern setzen unsere Reise – diesmal auf dem Wasserweg, durch die Flensburger Förde – in die im Norden des Kreises gelegene **Stadt Glücksburg** fort.

Für das moderne Ostseeheilbad ist der Tourismus von herausragender Bedeutung und bildet für das ansässige Gewerbe die überwiegende Lebensgrundlage. Neben Wald, Wasser und einem rund 50 Kilometer langen Wanderwegenetz sowie der knapp zwei Kilometer langen Kurpromenade werden den Gästen moderne Kur- und Freizeiteinrichtungen wie zum Beispiel Kur- und Badestrände, Yachthäfen, Segelschule, Golfplatz, Waldlehrpfad, Reitwege, der artefact-Powerpark, das Menke-Planetarium und das Rosarium am Schlosspark geboten. Nicht unerwähnt bleiben darf das wunderschöne Wasserschloss Glücksburg aus dem Jahr 1587, das Wahrzeichen der Stadt. Übrigens: Glücksburg wurde im November 2001 als „kinder-, jugend- und familienfreundliche Gemeinde" ausgezeichnet.

Den Stadtrand der kreisfreien Stadt Flensburg streifend, erreichen wir nach nur kurzer Fahrt bei Maasbüll das **Amt Hürup** mit seinen sieben amtsangehörigen Gemeinden. Der gesamte Amtsbereich lädt durch seine reizvolle Landschaft mit zahlreichen Biotopen zu abwechslungsreichen Radtouren und Spaziergängen ein. Die günstige Verkehrsanbindung an Flensburg bietet Gewerbebetrieben mit einem überregionalen Absatzmarkt eine gute ökonomische Grundlage. Unser nächstes Ziel ist das im Herzen von Angeln gelegene **Amt Satrup** mit seiner ausgeprägten Infrastruktur. Obwohl die vier Gemeinden des Amtes überwiegend landwirtschaftlich strukturiert sind, bieten sie einen hohen Freizeitwert. Ob die prähistorische Grabanlage im Rehberger Gehölz, die Dorfmuseen oder die Naturerlebnispfade im Satrupholmer Moor und Hechtmoor – es gibt viel zu sehen in dieser zentral zwischen Schlei und Ostsee nahe der dänischen Grenze gelegenen Urlaubslandschaft. Der zentrale Ort Satrup mit seinen 3400 Einwohnern verfügt über traditionelle Kindergärten, einen Naturkindergarten und neben Grund-, Haupt- und Realschule sogar über ein für den ländlichen Raum einzigartiges Gymnasium.

Als nächste Station auf unserer Reise erreichen wir die direkt an Satrup angrenzende amtsfreie **Gemeinde Sörup** am Südensee, die bereits mehrfach als „Schönes Dorf" und „Sportliche Gemeinde" ausgezeichnet worden ist. Als ländlicher Zentralort und anerkannter Erholungsort wurde Sörup, durch die Zusammenlegung der bis 1970 bestehenden elf amtsangehörigen Gemeinden, amtsfrei. Das Landschaftsbild wird durch Moränen, zwei Seen (Südensee und Winderatter See), eine Reihe von Waldstücken sowie die typischen Angeliter Knickflächen geprägt. Aktuell werden Gespräche mit dem Amt Satrup über Möglichkeiten einer Verwaltungskooperation geführt.

Nun begeben wir uns wieder in nördliche Richtung direkt an die Flensburger Außenförde und erreichen als erstes der drei Förde- bzw. Ostseeämter das **Amt Langballig**. Allen sieben Gemeinden des Amtes ist der Titel „anerkannter Erholungsort" verliehen worden. Damit wird klar, dass Tourismus und Naherholung in der besonders reizvollen Landschaft mit den schönen Naturstränden einen bedeutenden Wirtschaftsfaktor darstellen. Im Tal der Langballigau liegt Unewatt, ein restauriertes historisches Dorf, in dem das ländliche Leben wie eh und je seinen Gang geht. Viel Wert legt man auf eine effektive und bürgernahe Verwaltung. Deshalb hat das Amt zur Verbesserung des

Kreis mit Lebensqualität

Angelparadies
Idstedter See

Auf einen Blick

Einwohner:
6378 gesamt

Fläche: 6790 ha

Lage:
reizvolle Landschaft auf dem Geestrücken, in unmittelbarer Nähe zur angrenzenden Kreisstadt Schleswig, rund 30 Kilometer von Nord- und Ostsee und dem Königreich Dänemark entfernt

Historisch interessant:
Idstedt Gedächtnishalle, Ochsenweg, Räuberhöhle, Dronninghøj (Margarethen-Hügel)

■

Amt Schuby

Wir über uns: Amt Schuby

Die Gemeinden Hüsby, Idstedt, Lürschau, Neuberend und Schuby bilden das Amt Schuby. In reizvoller Landschaft auf dem Geestrücken in umittelbarer Nähe zur angrenzenden Kreisstadt Schleswig gelegen, besitzt dieses Gebiet sowohl für Urlauber als auch für Einwohner gleichermaßen hohe Attraktivität. Die Einwohner genießen das Leben in ländlicher Umgebung, nehmen am vielfältigen Dorfleben mit Vereinen und Verbänden teil und nutzen die in allen Gemeinden vorhandenen Einrichtungen.

Die nahe gelegene Schleistadt Schleswig mit ihrem vielfältigen Angebot ist binnen weniger Autominuten erreicht.

Dienstleistungsangebots ein Bürgerbüro eingerichtet. Es ist – und das ist einmalig im Kreis – auch samstags von 10 bis 13 Uhr geöffnet.

Das benachbarte **Amt Steinbergkirche**, am nördlichsten Rand der abwechslungsreichen Moränenlandschaft Angelns zwischen Flensburger Außenförde und Geltinger Bucht gelegen, ist unser nächstes Ziel. Der Entwicklungsschwerpunkt dieses ältesten Feriengebiets im Kreis liegt an der Küste mit den anerkannten Erholungsorten Steinberghaff, Norgaardholz und Neukirchen. Die Gemeinden haben über das Amt eine Flurneuordnung unter Berücksichtigung von Naturschutz, Landwirtschaft und Tourismus beantragt. Dieser bisher in Schleswig-Holstein noch nicht praktizierte Verfahrensansatz zeigt, dass die Gemeinden des Amtes bereit sind, hier entsprechende Verantwortung zu übernehmen, dies allerdings nur unter dem Vorbehalt einer finanziell tragbaren Lösung. Übrigens: Seit dem Sommer 2003 kann man den „Bund fürs Leben" an historischer Stätte im Bismarckturm auf dem Scheersberg schließen.

Wir kommen weiter über die Bundesstraße 199 in den ländlichen Zentralort Gelting, der anerkannter Erholungs-, Luftkur- und Kneippkurort und Amtssitz des **Amtes Gelting** ist. Dieses Ostseeferiengebiet im Raum Ostangeln, eingerahmt von Flensburger Förde, Ostsee und Schlei, ist mit seinen rund 190 000 Übernachtungen im Jahr, rund 1650 Campingstellplätzen und zwei Sportboothäfen einer der größten touristischen Anbieter im Kreis. Das Naturschutzgebiet „Geltinger Birk" mit seiner im Sommer 2003 eröffneten „Integrierten Station" und das Vogelschutzgebiet „Oehe-Schleimünde" mit dem Naturerlebniszentrum Maasholm-Oehe-Schleimünde sind für Naturfreunde immer wieder faszinierend. Der Rundwanderweg um die Geltinger Birk zählt im Deutschen Wanderführer zu den zehn schönsten Wanderwegen Deutschlands. Neben den in kommunaler Trägerschaft liegenden Naturschutzzentren hat das Amt erst

Fortsetzung Seite 28

Winterliches Norgaardholz an der Geltinger Bucht

Auf einen Blick

Gründungsjahr: 1970

Einwohner: rund 7000

Fläche: etwa 100 km²

Geographische Lage:
Das Amt Steinbergkirche grenzt im Norden an die Geltinger Bucht und die Flensburger Förde mit einem über 15 km langen Naturstrand.

Sehenswürdigkeiten:
- Bismarckturm auf dem Scheersberg
- Kirchen in Esgrus, Quern, Neukirchen, Steinbergkirche und Sterup
- Schlösser in der Umgebung (Schloss Gottorf, Wasserschloss Glücksburg der Herzöge zu Schleswig-Holstein, Schloss Sonderburg in Dänemark)

Freizeitmöglichkeiten/Urlaubsaktivitäten:
- Radfahren
- Wassersport
- Wandern
- Baden
- Reiten
- Angeln

■ Amt Steinbergkirche

Wir über uns: Amt Steinbergkirche

Das Amt Steinbergkirche ist ein kommunaler Verwaltungsverband der Gemeinden Ahneby, Esgrus, Niesgrau, Quern, Steinberg, Steinbergkirche und Sterup. Er umfasst eine Fläche von etwa 100 Quadratkilometern und hat rund 7000 Einwohner. Die nördliche natürliche Grenze bildet die Ostsee (Flensburger Außenförde und Geltinger Bucht). In der Nachbarschaft grenzt das Amt Steinbergkirche an die Ämter Langballig, Gelting und Süderbrarup sowie an die amtsfreie Gemeinde Sörup.

Zentraler Ort und Sitz der Amtsverwaltung ist die Gemeinde Steinbergkirche. Im Amtsbereich Steinbergkirche sind zwei Grundschulen, eine Realschule mit Hauptschulteil sowie eine dänische Schule und insgesamt fünf Kindergärten vorhanden. In der Gemeinde Steinberg befindet sich die Seebadeanstalt Norgaardholz.

Die Region ist landwirtschaftlich orientiert. Handwerks-, Geschäfts- und Dienstleistungsbetriebe sind die Grundlage für einen gesunden Mittelstand. Die medizinische Versorgung ist durch Arzt- und Zahnarztpraxen sowie eine Apotheke gewährleistet.

Der Tourismus spielt in allen Gemeinden des Amtes Steinbergkirche eine große Rolle. Der Amtsbereich Steinbergkirche ist ein kinderfreundliches Erholungsgebiet für die ganze Familie, verfügt über ein gut ausgebautes Wander- bzw. Radwanderwegenetz durch die idyllische Angelner Landschaft sowie einen kilometerlangen Natur-Abenteuer-Strand. Zahlreiche gastronomische Betriebe laden zur Einkehr ein.

Blick von Neukirchen über die Flensburger Förde in Richtung dänische Küste

Kreis mit Lebensqualität

Idyllisch gelegen ist das Amtsverwaltungsgebäude in Hürup.

Auf einen Blick

Gründungsjahr: 1971

Lage: Der Amtsbezirk Hürup grenzt unmittelbar an die kreisfreie Stadt Flensburg.

Landschaft: Angeln

Fläche: rund 9700 ha

Einwohner: 8527

Gemeinden:
– Ausacker
– Freienwill
– Großsolt
– Hürup
– Husby
– Maasbüll
– Tastrup

■ Amt Hürup

Wir über uns: Amt Hürup

Das Amt Hürup in der heutigen Konstellation besteht seit dem 1. Mai 1971. Es wurde damals aus den Ämtern Adelby, Großsolt und Husby gebildet.

Für den Amtssitz wurde das Gebäude der alten Hüruper Schule erworben und umgebaut. In diesem Haus stehen rund 25 Mitarbeiter der Amtsverwaltung den sieben amtsangehörigen Gemeinden Ausacker, Freienwill, Großsolt, Hürup, Husby, Maasbüll, Tastrup und den 8527 Einwohnern mit Rat und Tat zur Seite.

Das Freizeitangebot im Amt Hürup gestaltet sich vielfältig. So kann man in vier Sportvereinen der Gemeinden Hürup, Husby, Großsolt und Freienwill, mit drei Sporthallen, drei Sportplätzen sowie zwei Tennisgeländen mit -halle aktiv werden sowie im Sommer im amtseigenen Freibad Holmark-See Abkühlung bekommen. Die reizvolle Landschaft mit zahlreichen Biotopen lädt zum Radeln und Spazierengehen ein.

Zwei Schulen in Husby und Großsolt sichern die schulische Ausbildung der derzeit 537 Schüler der Klassenstufen 1 bis 9.

Für die Wirtschaft ist insbesondere der stadtnahe Bereich interessant. Durch das grüne Umfeld und die günstige Verkehrsanbindung zu Flensburg sind viele Gemeinden des Amtes zu beliebten Wohnsitzen geworden.

Bewegung in reizvoller Natur: Streifzüge durch Feld und Wiese

kürzlich den Leuchtturm Falshöft erworben, um die dort stattfindenden Eheschließungen mit ihren touristischen Synergieeffekten weiterhin sicherzustellen.

Nun nehmen wir Kurs auf Kappeln und werden damit auch gleich dem Slogan der **Stadt Kappeln** an der Schlei gerecht. Die Schlei ist übrigens kein Fluss, sondern eine 40 Kilometer ins Land – bis Schleswig – hineinragende Förde der Ostsee, die von Seglern als eines der schönsten Segelreviere Deutschlands bezeichnet wird. Kappeln ist anerkannter Erholungsort und nimmt mit seinen über 400 000 Übernachtungen pro Jahr eine führende touristische Rolle im Kreis ein. Ob Mühle „Amanda" mit historischem Sägewerk, die Museumsbahn und der Museumshafen oder der einzig noch erhaltene Heringszaun Europas: Kappeln hat für seine Besucher viel zu bieten. Daneben hat die Stadt mit beachtlichen Konversionsproblemen durch den Abzug der Bundesmarine zu kämpfen. Doch mit schlüssigen und innovativen Konzepten ist teilweise schon eine zivile Nachnutzung der militärischen Anlagen erreicht worden. Die Stadtverwaltung nimmt auch die Geschäfte des **Amtes Kappeln-Land** mit seinen vier Gemeinden wahr. Eine davon ist die **Stadt Arnis** an der Schlei, mit nur 301 Einwohnern die kleinste Kommune Deutschlands mit Stadtrecht.

Nach einer beschaulichen Fahrt in westlicher Richtung durch die typische Angeliter Knicklandschaft erreichen wir das **Amt Süderbrarup**. Ihm gehören 17 Gemeinden mit über 11 000 Einwohnern an – die größte Anzahl im Kreis. Die Gemeinde Süderbrarup ist als Unterzentrum sozusagen der Mittelpunkt der Schleidörfer und liegt auch tatsächlich genau in der Mitte zwischen Kappeln und Schleswig. Durch den seit über 400 Jahren stattfindenden größten ländlichen Jahrmarkt, den Brarupmarkt, ist Süderbrarup weit über die Grenzen des Kreises hinaus bekannt. Dass die Gemeinden des Amtes an einem Strang ziehen, beweisen die gemeinsam durchgeführte LSE, der Amtslandschaftsplan und auch der amtsweite Flächennutzungsplan.

Unsere Reise führt uns weiter in westliche Richtung durch den idyllischen Naturraum der Landschaft Angeln ins **Amt Böklund**. Die Gemeinde Böklund, ländlicher Zentralort und mit 1500 Einwohnern größte Gemeinde im Amt, ist Amtssitz und bedeutender Gewerbestandort. Hier produziert der größte Arbeitgeber im Kreisgebiet, die Böklunder Plumrose GmbH & Co. KG, mit rund 600 Arbeitnehmern das weltbekannte „Würstchen vom Lande". Aber auch die Baum- und Rosenschule Clausen ist mit ihren über 350 Rosensorten überregional bekannt. Als gutes Beispiel kommunaler Zusammenarbeit ist die gemeinsam mit dem benachbarten Amt Satrup durchgeführte LSE zu erwähnen.

Wieder unterwegs auf unserer Rundreise, treffen wir kurz vor dem Ziel auf das nordöstlich vor den Toren von Schleswig gelegene **Amt Tolk**. Als Schleianlieger, mit den anerkannten Erholungsorten Brodersby und Goltoft, kommt dem Amt auch touristische Bedeutung zu. So ist es Mitglied in der Schleitouristik GbR, die den gesamten nördlichen Schleibereich abdeckt. Die Gemeinde Tolk hat durch ihren Freizeitpark „Tolkschau" einen hohen Bekanntheitsgrad erreicht. Unter dem Motto „Das Amt macht sich fit, … fit für die Spielregeln der EU" ergriff das Amt im Jahr 2000 die Initiative, sich erstmalig kreisüberschreitend über die Schlei hinweg mit allen Ämtern, Städten und Gemeinden der Schleiregion zu treffen. Als Ergebnis wurde beschlossen, sich gemeinsam für das EU-Förderprogramm LEADER+ zu bewerben. Zusammen mit zahlreichen regionalen Akteuren erarbeitete man ein Entwicklungskonzept für die gesamte Schleiregion. Nach erfolgreicher Bewerbung geht es nun darum, das Entwicklungskonzept umzusetzen. Einmalig und ein Novum ist es, dass die für die Bewilligung der einzelnen Projekte verantwortliche Verwaltungsstelle bei der Amtsverwaltung Tolk eingerichtet wurde.

Nun, am Ziel unserer Rundreise, wieder in der Kreisstadt Schleswig angekommen, hoffe ich, dass der kurze und natürlich unvollständige Einblick in das Leben unserer selbstbewussten Kommunen des Kreises Schleswig-Flensburg Ihr Interesse geweckt hat.

Kreis mit Lebensqualität

Glücksburg (Ostsee) – Wasser, Wald und Wohlbefinden

Wir über uns: Stadt Glücksburg

Hoch im Norden, an der Flensburger Förde, liegt die Stadt Glücksburg (Ostsee), die sich seit 1872 als Seebad zu einem modernen Heilbad entwickelt hat. Wahrzeichen der Stadt ist das einzigartige, 1582 bis 1587 unter Herzog Johann dem Jüngeren erbaute Wasserschloss.

Rund 3970 Hektar umfasst die Gesamtfläche des Hoheitsgebietes der Stadt Glücksburg; davon sind rund 2000 Hektar Förde, 600 Hektar Wald, 700 Hektar landwirtschaftliche Nutzfläche, 100 Hektar Binnengewässer, 400 Hektar Wohn- und Verkehrsflächen, Sportplätze sowie Fremdenverkehrsflächen und 170 Hektar sonstige Flächen.

Von elementarer Bedeutung ist für die örtliche Wirtschaft der Fremdenverkehr. Er bildet überwiegend die Grundlage des hier im Ort ansässigen Gewerbes wie Hotel- und Gaststättenbetriebe, gewerbliche und private Zimmervermieter. Neben der Funktion als Fremdenverkehrs- und Naherholungsgebiet ist Glücksburg aufgrund der reizvollen infrastrukturellen Ausstattung bevorzugter Wohnort im Flensburger Raum.

Neben Wald, Wasser und einem rund 50 Kilometer langen ausgeschilderten Wanderwegenetz sowie der rund zwei Kilometer langen Kurpromenade von Quellental bis Schwennau werden den Erholung Suchenden moderne Freizeiteinrichtungen geboten wie u. a. Kur- und Badestrände in Sandwig und in Holnis, Yachthäfen in Quellental und Schausende, die größte Segelschule Deutschlands, die Hanseatische Yachtschule, ein 18-Loch-Golfplatz, Tennis- und Minigolfplätze, ein Nordic Fitness Park, ein beschilderter Waldlehrpfad, der „artefact"-Powerpark, das Menke-Planetarium, das Rosarium.

Mit ihren vielfältigen Einrichtungen und durch die Nähe zur Stadt Flensburg bietet die Stadt Glücksburg Einheimischen und Gästen alle Voraussetzungen für ein angenehmes Wohnen bzw. einen Ferien- und Kuraufenthalt.

Auf einen Blick

Gründungsjahr:
1900 Verleihung der Stadtrechte an den Flecken Glücksburg

Fläche: rund 3970 ha

Einwohner: rund 6000

Sehenswertes und Ausflugsziele:
- Schloss Glücksburg (Wasserschloss der Herzöge zu Schleswig-Holstein)
- Rosarium Glücksburg
- „artefact"-Powerpark
- Menke-Planetarium

Freizeitmöglichkeiten:
- Segeln
- Golf
- Fliegen
- Baden
- Konzerte
- Wandern
- Reiten
- Lesungen und Ausstellungen im Wasserschloss
- Radfahren
- Nordic Walking

Auszeichnungen:
2001 wurde die Stadt Glücksburg als „kinder-, jugend- und familienfreundliche Gemeinde" ausgezeichnet.

Stadt Glücksburg

Land und Leute zwischen Förde und Eider

Bernd Philipsen

Auf einen Blick

Der Kreis Schleswig-Flensburg – mit seinen 2071 Quadratkilometern Fläche fast so groß wie das Saarland – zeichnet sich durch eine bemerkenswerte landschaftliche Vielfalt aus. Die Einwohner sind weltoffen und heimatverbunden. Viele von ihnen, vor allem die Mitglieder der dänischen Minderheit, fühlen sich dem skandinavischen Lebensstil verbunden.

Kappelner Fischer beim „Klönschnack"

Gewiss, der Scheersberg ist bei weitem nicht der geographische Mittelpunkt des Großkreises Schleswig-Flensburg, mit seinen 70 Metern auch nicht die höchste Erhebung in dieser Region. Aber von der Aussichtsplattform des Bismarckturms, der seit 1903 diese Anhöhe im Nordosten der Landschaft Angeln ziert, hat der Betrachter bei guter Sicht so viel Kreis auf einmal im Blick wie von keinem anderen Standort aus.

Wer den Aussichtsturm erklommen hat, der erhält einen ersten Eindruck von der Vielgestaltigkeit der Landschaft zwischen Flensburger Förde, Schlei und Eider, auch wenn die zu Füßen liegenden Angelner Postkartenmotive eine besondere Faszination ausüben und dem Auge schmeicheln: sanfte Kuppen, idyllische Au-Täler, kleine Wälder, Kirchturmspitzen und fruchtbare, von Wallhecken umgebene Felder. Schwärmer sprachen einst von einem „Garten Eden" in Angeln und fühlten sich an „englische Parke in einem großen Styl" erinnert.

Aber auch die anderen Bereiche des Kreises Schleswig-Flensburg haben ihren eigenen Charme und Reiz. Allerdings: So häufig beschrieben und besungen wie das liebliche Angeln wurden sie nie. Manches offenbart sich dort nämlich erst auf den zweiten Blick – im „Luus-Angeln" genannten schmalen Landstrich, der das muntere östliche Hügelland abschließt und den Übergang zum weiten Kreis-Westen bildet, auf der sandigen Geest des Schleswigschen Mittelrückens oder im abgeschiedenen Storchenland Stapelholm im Süden. Doch dann sind die Eindrücke um so nachhaltiger; zum Beispiel wenn über der platten Geest eine melancholische Stimmung liegt oder in der Eider-Treene-Niederung Landschaft und Himmel unverkennbar signalisieren: Die Nordsee ist zum Greifen nahe.

Einst mit Nichtbeachtung, manchmal gar mit Spott bestraft, haben sich diese Regionen aber längst emanzipiert – die Dörfer sind quirliger geworden und die Landschaftsräume bunter. Fehler, wie sie vor Jahrzehnten auch bei der Umsetzung des Programms Nord gemacht wurden, sind inzwischen teilweise korrigiert: So mäandert mancher Geestbach inzwischen wieder in seinem alten Bett gen Nordsee.

Urheber dieser unterschiedlichen Landschaftsräume sind Gletscher aus Skandinavien. Als die letzte Eiszeit vor 10 000 Jahren endete, hinterließ sie einen geologischen Flickenteppich aus Hügeln, Senken, Seen, Fjorden, Mooren, Sanderflächen, Tunneltälern, Niederungen, Bachläufen und Flüssen. Diese geologischen Grundstruk-

Kreis mit Lebensqualität

Die Treene ist ein beliebtes Revier für Wassersportler.

Lebendige Tradition in den Dörfern: Ringreiten, Hochzeit im Kloster St. Johannis in Schleswig, ein typischer Bauerngarten in Dollerup, Erntedankfest in der Kirche von Grundhof

Kreis mit Lebensqualität

turen unterlagen in der Folgezeit einem stetigen Wandel, verursacht durch äußere Einflüsse wie Veränderungen des Meeresspiegels und des Klimas, aber auch durch Menschenhand.

Jüngste Entwicklungen haben dazu geführt, dass aus dem einstigen Bauernland ein bevorzugtes Ferienland geworden ist. So hat – wirtschaftlich gesehen – die „weiße Industrie" die Bedeutung der Landwirtschaft bereits überholt. Aber auch in dieser Region steigt die Zahl jener Menschen, die ihren Lebensunterhalt in boomenden Zukunftsbranchen wie Multimedia und Internet verdienen.

Das zeichnet eben die Bürger des Kreises aus: Sie sind Neuem gegenüber grundsätzlich aufgeschlossen, verlieren dabei aber nie ihre Bodenhaftung. Zwischen Weltoffenheit und Heimatverbundenheit, zwischen Traditionsbewusstsein und der Bereitschaft, zukunftsorientierte Wege zu gehen, sehen sie keinen Widerspruch.

Vielfalt zeichnet den Kreis nicht nur bei den Landschaftsformen aus, sondern auch bei seinen Bewohnern. Das drückt sich schon in der Vielzahl der Sprachen aus: Neben Hochdeutsch, Niederdeutsch und Dänisch sind hier auch Fremdsprachen wie Russisch, Polnisch, Englisch, Französisch, Türkisch, Arabisch und Spanisch zu hören. Doch eines verbindet alle Einwohner, egal, welche Sprache sie zu Hause sprechen: der freundschaftliche, zu jeder Tages- und Nachtzeit übliche Gruß „Moin-Moin". ■

Süderstapel gehört zu den schmucken Dörfern in der Landschaft Stapelholm.

Von der Steinzeit bis heute – Impressionen aus der Kreisgeschichte

Jörg-Dietrich Kamischke

Die Geschichte des Kreises Schleswig-Flensburg als kommunale Gebietskörperschaft beginnt am 22. September 1867. Die „Verordnung betreffend die Organisation der Kreis- und Distriktbehörden sowie die Kreisvertretung in der Provinz Schleswig-Holstein" schuf in dem vom preußischen Königreich nach dem deutsch-dänischen Krieg von 1864 okkupierten Gebiet 20 neue Landkreise. Der Kreis Flensburg umfasste die Stadt und das ehemalige Amt Flensburg, den Flecken Glücksburg, einige Enklaven und die adeligen Güter im östlichen Angeln. Den Kreis Schleswig hingegen bildeten die Städte Schleswig und Friedrichstadt, die Flecken Kappeln und Arnis sowie das alte Amt Gottorf und die Landschaft Stapelholm.

Unterste Stufe im kommunalen System war damals die Landgemeinde, die sich durch einen gewählten Gemeindevorsteher und die Vollversammlung aller stimmberechtigten Bürger verwaltete. Für größere Dörfer oder Siedlungskomplexe war eine Gemeindevertretung vorgesehen. Neben den Landgemeinden fungierten die Gutsbezirke als unterste Verwaltungseinheiten. Diese besaßen aber keine Selbstverwaltung und wurden 1928 aufgelöst.

Die preußische Verordnung von 1867 schuf unter Beachtung der strikten Trennung von Verwaltung und Justiz den Rahmen für die Entwicklung der modernen kommunalen Selbstverwaltung in Schleswig-Holstein.

An der Spitze eines Landkreises stand der Landrat. In Selbstverwaltungsangelegenheiten stand ihm der Kreistag zur Seite, der aus Repräsentanten des Großgrundbesitzes, der Städte und der Landgemeinden ständisch zusammengesetzt war. Erster Landrat des Kreises Flensburg war der aus Ostpreußen stammende Geheime Regierungsrat Wilhelm von Krupka. Dem Kreis Schleswig stand mit Hugo Baron von Plessen ein Angehöriger des einheimischen Adels als Landrat vor.

Kreis mit Lebensqualität

Eine Fahrt im historischen Boot lässt die Geschichte der Wikinger lebendig werden.

Die Kreise und Gemeinden unserer Region zwischen Eider, Treene und Ostsee entstanden auf historischem Boden. Funde in der Schlei datieren die Anfänge der Besiedlung bis in die mittlere Steinzeit vor mehr als zehntausend Jahren zurück. Eindrucksvolle Großsteingräber in Angeln zeugen von Bewohnern aus der jüngeren Steinzeit. Ein großes Gräberfeld unter dem Marktplatz von Süderbrarup und Opferfunde im Thorsberger Moor deuten darauf hin, dass auch in den ersten vier Jahrhunderten nach Christi im Angler Raum reges Leben herrschte. Als im 5. und 6. Jahrhundert ein Großteil der Bevölkerung gemeinsam mit den Sachsen nach England auswanderte, rückten jütische Einwanderer in unsere Landschaft nach. Erst seit dem 11. Jahrhundert gilt das Angler Bauernland wieder als dicht bevölkert. Auch der Stapelholmer Raum ist wegen seiner verkehrsgünstigen Lage seit dem frühen Mittelalter altes Siedlungsgebiet. Die Kultivierung der kargen Geest hingegen begann erst 1761 mit der Anwerbung südwestdeutscher Kolonisten durch den dänischen König Friedrich V.

Schon um 800 n. Chr. erblühte die Wikingersiedlung Haithabu oder Sliesthorp bei Schleswig an der engen und wasserreichen Verbindung zwischen Nord- und Ostsee zu einem der wichtigsten Handelsplätze in Nordeuropa. Ihre wirtschaftliche Bedeutung verdeutlichen noch heute zahlreiche Runensteine, ein bis zu zehn Meter hoher halbkreisförmiger Schutzwall und das Danewerk als Befestigungsanlage, an der nahezu 400 Jahre gebaut worden sein soll. Im 11. Jahrhundert übernahm die von Haithabu aus gegründete Stadt Schleswig die Funktion als bedeutendstes Fernhandelszentrum im Ostseeraum.

Sieht man in der städtischen Siedlung am Nordufer der Schlei die unmittelbare Fortsetzung der 1066 zerstörten Wikingersiedlung am Westufer des Haddebyer Noors – einer Bucht der Schlei –, dann darf man Schleswig als die älteste Stadt nördlich der Elbe bezeichnen. Die Siedlung am Noor wird in den Fränkischen Reichsannalen um 804 als „Sliesthorp" bezeichnet. Diese erste urkundliche Erwähnung nahm die Stadt Schleswig im Jahr 2004 zum Anlass, ihr

Bronzezeitliche Grabstätte bei Süderbrarup

1200-jähriges Bestehen mit einem vielfältigen Jubiläumsprogramm zu feiern, dessen Höhepunkt der Besuch der dänischen Königin Margarethe II. war.

Schleswig verfügt über das erste Stadtrecht Nordeuropas, verlor aber mit dem Aufkommen der Hanse seit der Mitte des 12. Jahrhunderts seine Stellung an Lübeck. Als Herzogs- und Bischofssitz und Zentrum der preußischen Provinzialregierung behauptete Schleswig aber seine bedeutende Rolle in der Landesgeschichte. Mit den Landesmuseen Schloss Gottorf und Haithabu sowie dem Landesarchiv im Prinzenpalais gilt die Schleistadt heute als Kulturmetropole des Landes.

Dem 1357 urkundlich erwähnten Flecken Kappeln an der Schlei wurde 1870 das Stadtrecht verliehen. Die Siedlung auf dem hohen Westufer der nord-südlich gerichteten und hier nur 250 Meter breiten Schlei schuf sich durch Fischerei und Seehandel einen bescheidenen Wohlstand, der bis Mitte des 19. Jahrhunderts anhielt. Nach der Loslösung von Dänemark ging der Schiffsverkehr stark zurück; Fischfang, Fischverarbeitung, Umschlag von Holz und Getreide im Hafen verhalfen dennoch zu einem auskömmlichen kleinstädtischen Dasein. Durch die Gebietsreform von 1974 wurden die Gemeinden Kopperby und Mehlby nach Kappeln eingemeindet. Seit 1977 ist Kappeln anerkannter Erholungsort mit besonderem maritimem Flair. Die populäre Fernsehserie „Der Landarzt" machte Kappeln als „Deekelsen" bundesweit bekannt.

Im Jahr 1667 waren 62 Familien der Stadt auf eine unbewohnte Insel in der Schlei geflohen, um drohender Leibeigenschaft zu entgehen. Dort entstand Arnis, das mit heute 301 Einwohnern als kleinste Stadt Deutschlands 1934 das Stadtrecht erhielt und mit seinem idyllischen Stadtbild eine regionale Touristenattraktion ist.

Fortsetzung Seite 38

Kreis mit Lebensqualität

Die Idstedt-Gedächtnishalle in Idstedt-Kirche: Die Kanone, die vor dem Gebäude steht, war in der Schlacht bei Idstedt am 25. Juli 1850 im Einsatz.

Wir über uns: Die Idstedt-Stiftung

Die Schlacht bei Idstedt am 25. Juli 1850 sowie das Gefecht bei Oeversee am 6. Februar 1864 sind bedeutende Ereignisse in der schleswig-holsteinischen Geschichte. Die Idstedt-Stiftung hat die Aufgabe übernommen, insbesondere die Kenntnis von den Vorgängen der schleswig-holsteinischen Erhebung von 1848 bis 1851 zu verbreiten und für den Besuch der Gedenkstätten in Idstedt und Oeversee zu werben.

Mitte des 19. Jahrhunderts rückte Idstedt weit über Schleswig-Holstein hinaus in das Licht der deutschen und europäischen Geschichte. Damals war Europa geprägt durch die Forderung nach einem modernen Verfassungs- und Nationalstaat. Dabei kam es zwischen den nationalstaatlichen Entwicklungen in Deutschland und Dänemark zu einer konfliktbeladenen Überschneidung. Der Streit der dänischen und deutschen National- und Verfassungsbewegung um den Anspruch auf das Herzogtum Schleswig mündete in schweren militärischen Auseinandersetzungen.

Heute steht inmitten des ehemaligen Schlachtfeldes von 1850 die 1930 errichtete Idstedt-Gedächtnishalle, deren Anfänge als „Waffenkammer" bis zum Jahr 1878 zurückreichen. Diese Waffenkammer diente einige Jahrzehnte ihrem Zweck, bis der kleine Bau seine Aufgabe, die in vermehrtem Umfange eingehenden Erinnerungsstücke aufzunehmen, nicht mehr gewachsen war. Ein Neubau wurde errichtet.

Am 3. Juli 1930 erfolgte die feierliche Einweihung der Idstedt-Gedächtnishalle. Sie wurde in den Jahren 1977/78 instand gesetzt.

Zur Steigerung der Attraktivität der Idstedt-Gedächtnishalle beschlossen die Gremien der Idstedt-Stiftung, eine völlig neue Konzeption zu entwickeln, um den heutigen modernen Anforderungen gerecht zu werden.

Nach umfassender Erweiterung und Neugestaltung wurde die Idstedt-Halle zum „Idstedt-Tag 2004" am 25. Juli 2004 wieder eröffnet und zeigt nun eine Dauer- und eine Wechselausstellung.

Auf einen Blick

Gründungsjahr: 1978

Stiftungs- und Satzungszweck: Erhaltung der Idstedt-Halle als Gedenkstätte an die schleswig-holsteinische Geschichte, ständige Öffnung dieser Gedenkstätte, Verbreitung der Kenntnis von den Vorgängen der schleswig-holsteinischen Geschichte der Jahre 1848 bis 1851 und 1864, Werbung für den Besuch der Gedenkstätten in Idstedt und Oeversee, Unterhaltung und Pflege der in Idstedt sowie Oeversee vorhandenen Gräber und Grabdenkmäler für die gefallenen Teilnehmer der Schlachten von Idstedt und Oeversee

Gedenkstätte Idstedt-Gedächtnishalle: wurde 1930 eröffnet, 1977/78 erneuert und zeigt
- Dokumente sowie Karten, Fotos und zeitgenössische Darstellungen
- Schuss- und Blankwaffen
- Ausrüstungsgegenstände der dänischen und schleswig-holsteinischen Armee

Idstedt-Stiftung
Schleswig

Historische Fischersiedlung „Holm" in Schleswig

Die Geschichte des reizvoll an der Flensburger Förde gelegenen Ostseebades Glücksburg mit seinem einzigartigen Wasserschloss der Herzöge zu Schleswig-Holstein-Glücksburg-Sonderburg von 1585 geht zurück bis ins Jahr 1210. 1824 wurde Glücksburg zum Flecken erhoben und erhielt im Jahr 1900 das Stadtrecht.

Glücksburg ist heute ein malerisches, viel besuchtes Urlaubsziel am Ostseestrand mit vielfältigen Wassersportmöglichkeiten und attraktiven Naherholungsgebieten in der Umgebung, zum Beispiel dem Landschaftsmuseum Unewatt in der Nachbargemeinde Langballig.

Mehrfach wurde die Region Schleswig-Flensburg von kriegerischen Auseinandersetzungen mit ihren dänischen Nachbarn erschüttert. Soldatengräber und Gedenksteine zeugen von heftigen Auseinandersetzungen, die infolge der schleswig-holsteinischen Unabhängigkeitsbestrebungen im Revolutionsjahr 1848/49 ausbrachen. Einer ersten Unterdrückungswelle seitens der Dänen gegen die deutsche Sprache folgten nach dem Krieg von 1864 Maßnahmen der Preußen gegen die dänische Minderheitsbevölkerung.

Die Volksabstimmung nach dem Ersten Weltkrieg mit dem Verlust Nordschleswigs an Dänemark, insbesondere aber die kurzzeitige prodänische Bewegung nach 1945 entfachte die Gemüter beiderseits der Grenze erneut. Seit der Bonn-Kopenhagener-Erklärung von 1955, die jedermann die Freiheit des nationalen Bekenntnisses garantierte, gilt das nachbarschaftliche Zusammenleben von Deutschen und Dänen inzwischen als gelungenes Beispiel für ein friedliches Miteinander nationaler Minderheiten.

Bis 1974 hat der Kreis Schleswig seinen Bestand weitgehend bewahren können. Allerdings schied die Stadt Friedrichstadt bei der Bildung des Kreises Nordfriesland aus dem Kreisverband aus. Aus dem alten Kreis Flensburg wurde nach der reformierten Kreisordnung 1888 die Stadt Flensburg ausgegliedert. Die Novellen zur Amtsordnung 1968 und 1970 reduzierten die Anzahl der Gemeinden und schufen leistungsfähige Amtsverwaltungen. Zusammen mit dem Kreis gewährleisten sie eine umfassende Betreuung der Bürger im ländlichen Raum. Der am 24. März 1974 aus dem Kreis Schleswig und dem Kreis Flensburg-Land gebildete Kreis Schleswig-Flensburg mit seinen rund 200 000 Einwohnern gehört mit 2071 Quadratkilometern zu den größten Flächenkreisen in Deutschland.

Kreis mit Lebensqualität

Deutsche und Dänen gedenken des 150. Jahrestages der Schlacht bei Idstedt.

140 Jahre nach dem deutsch-dänischen Krieg beging das Stammkomitee von 1864 e. V. die traditionelle Oeversee-Gedenkfeier erstmals im Zusammenwirken mit dem Sydslesvigsk Forening. Es spielte die Artellerie-Traditionskapelle „Von der Groeben" aus Feldbach (Steiermark).

Eckpfeiler europäischer Geschichte: Schloss Gottorf und seine Museumssammlungen

Professor Dr. Herwig Guratzsch

Auf einen Blick

Schloss Gottorf (Bild rechte Seite), idyllisch auf einer Insel in der Schlei gelegen, ist ein Gesamtkunstwerk: Allein das prächtige Bauwerk und der so genannte Fürstengarten lohnen einen Besuch. Das Schloss – Sitz der Landesmuseen – beherbergt darüber hinaus die bedeutendsten Sammlungen zur Kunst, Kultur und Archäologie in Nordeuropa.

Die Verantwortlichen des Bildbandes haben diesem Artikel eine klangvolle und stolze Überschrift gegeben. Wer das Barockschloss Gottorf, seine ehemalige geschichtliche Bedeutung und seine kulturgeschichtlichen wie auch archäologischen Sammlungen nicht kennt, der wird es vermessen finden, in diesem Zusammenhang von europäischer Geschichte, ja von einem „Eckpfeiler europäischer Geschichte" zu sprechen. In der Tat wirkt es anmaßend, ein kleines Herzogtum, das sich wie ein Spielball zwischen den großen politischen Auseinandersetzungen der letzten Jahrhunderte ausgenommen hat, mit einem modernen, für das Globalisierungszeitalter typischen Begriff zu identifizieren.

Das Territorium, das in seinen besten Zeiten nur rund 4000 Quadratkilometer sein Eigen nennen durfte und in der kurzen Zeitspanne von knapp 170 Jahren (zwischen 1544 und 1713) souveräne Selbstständigkeit behauptete, bildete aber den Boden für eine individuelle Leistungskraft im 17. Jahrhundert, die ihresgleichen sucht. Wieder, wie so oft in der Geschichte, hängt das mit begünstigenden Konstellationen zusammen. Und wieder orientiert sich die Betrachtung an überragenden Persönlichkeiten, die über jedes Mittelmaß, über jedes kleinstaatliche Denken hinausgewachsen sind, sodass sich Schloss Gottorf im 17. Jahrhundert zu einer Glanzperiode entfaltete. Die Namen, die genannt werden müssen, beziehen sich auf zwei Herzöge und einen Hofgelehrten: Friedrich III. (1597–1659, ab 1616 Herzog von Schleswig-Holstein-Gottorf) und seinen Sohn Christian-Albrecht (1641–1694, Herzog ab 1659) sowie Adam Olearius (eigentlich Adam Öhlschlegel, 1599–1671).

Ihnen war es gelungen, in einer ausgesprochen drang- und sorgenvollen Zeit – der nichts verschonende Dreißigjährige Krieg durchzog dramatisch die erste Hälfte des Jahrhunderts – Schloss Gottorf zu einem brillanten Zentrum für Wissenschaft und Kunst auszubauen. Die Hofbibliothek überragte ihre „Geschwister" in anderen Schlössern. Das Kunst- und Raritätenkabinett umfasste in seiner enzyklopädischen Ausrichtung archäologische, völkerkundliche, kunst- und kulturgeschichtliche Zeugnisse im breitesten und zugleich kostbarsten Sinn. Noch heute mag man mit der authentischen Atmosphäre der zweischiffigen Gotischen Halle von Schloss Gottorf, in der sich einmal diese Schätze befunden haben, ahnen, wie sie sich ausgenommen haben.

Der Wissensdurst und die leidenschaftliche Neugier, forschend und zugleich staunend Erkenntnisse über die Vergangenheit und das Weltganze zu sammeln, auszuwerten und zu neuen Ergebnissen zu führen, prägte auch baugeschichtlich Schloss Gottorf und sein Ambiente. Mit der „Moscowitischen und Persianischen Reise" wurden Eindrücke importiert, die inspirierend auf diese Gesinnung wirkten. 1647 erschien die in der Folge immer wieder nachgedruckte Reisebeschreibung.

Die Gartenkultur spielte ein darüber hinausreichendes Interessenfeld, das offensichtlich nicht um seiner selbst willen, nicht allein wegen der Blumen- und Blütenpracht inszeniert worden war, sondern um die Vielfalt und die Differenziertheit der Naturerfah-

Kreis mit Lebensqualität

rung in einen kosmischen Zusammenhang zu bringen. Im dritten Garten, dem „Neuen Werck", dem seit 2001 in Restitution begriffenen Barockgarten auf der Nordseite des Schlosses (zwei anspruchsvolle Gärten südlich des Schlosses waren bereits früher im 17. Jahrhundert angelegt worden), vollendete sich diese Philosophie auf umfassende und beispielhafte Weise.

In sechs Terrassen war er angelegt worden, die sich konisch nach oben verjüngten, um der natürlichen Perspektive zusätzliche Illusion zu geben und damit die Dimension größer wirken zu lassen. Im Mittelpunkt aller Bezugswege, im Zentrum der Hauptachse, befand sich das „Lusthaus": wieder nicht einfach nur ein Ort für sinnliches Vergnügen, wie es am Hofe gern zelebriert wurde, sondern die „Hülle" für ein mechanisches und weltanschaulich wohl formuliertes „Wunderwerk", den Riesenglobus. Seine Größe erlaubte, dass zwölf Menschen in ihn eintreten konnten, um den Himmel – aber nicht den wirklichen, sondern den gedachten – über und unter sich zu sehen. Ein Himmelsglobus also innen, ein Erdglobus außen, beides zu einem komprimiert. Zur Steigerung bewundernder Wahrnehmung drehte sich die Kugel vor den Augen derer, die ihr gegenüber standen oder in ihr saßen. Alles in allem eine Symbolik mit tiefem Hintersinn. Die Weite weltlicher Vorstellung am Anfang der kopernikanischen Wende wird in einem Globus, in einem „beherrschbaren" Instrument, von Menschenhand gebaut, bemalt und betrieben, „mikrokosmisch" zusammengefasst. Und die Schicksalsabhängigkeit der Erde wird in engster Anlehnung an den Himmel, förmlich „Rücken an Rücken" gestaltet.

Kein Wunder, dass der Herzog prominente Persönlichkeiten von weit her in seinem von Wasser angetriebenen Globuswerk gern mit diesem allegorischen Erlebnis konfrontierte. Neben dem mechanischen Mirakel lernten sie den Bedeutungssinn erfassen, die Dualität von Innen und Außen, und sie lernten die Synthese begreifen, dass alles in einer einzigen Kugel aufgeht und von ihr umschlossen wird.

Zusammen mit dem botanisch und architektonisch reich konzipierten Barockgarten bildete der Globus ein geistreiches Gesamtkunstwerk von höchstem Niveau. Als er von Peter dem Großen im Zuge der Nordischen Kriege 1713 nach Petersburg gebracht wurde – sei es als Geschenk des dänischen Königs oder als Beute –, erlosch der Glanz Gottorfs. So kann es nur als folgerichtig eingestuft werden, wenn sich die Stiftung Schleswig-Holsteinische Landesmuseen Schloss Gottorf heute um die Wiederherstellung des Globus bemüht, dessen Original in Petersburg verbrannte, sodass nur noch ein Metallgerüst authentisch ist.

Dunkle Zeiten zogen seither über das kleine Herzogtum, das zunächst unter dänischer, später unter preußischer Flagge dahinvegetierte. Es folgte bald eine hundertjährige Kasernenzeit, die das Schloss und sein Gartenensemble zusätzlich ruinierte. Als die in Kiel vom Krieg in Mitleidenschaft geratenen Landesmuseen, sowohl das für Kunst- und Kulturgeschichte wie auch das Archäologische, 1947 zusammen mit dem Landesarchiv in das verwaiste Schloss Gottorf einzogen, nahmen die kultur- und kunstgeschichtlichen Schätze Norddeutschlands in einer Baukulisse Platz, die es zurückzuverwandeln galt, denn das Schloss war verwahrlost und bis zur Unkenntlichkeit durch einen Brand 1917 zerstört. So konnten die ehemaligen Verhältnisse, was die Architektur angeht, zwar rekonstruiert werden, alles andere aber, die kultivierte Umgebung und vor allem die faszinierende Einrichtung, war nicht wieder herstellbar.

Wie hätten die längst in alle Winde verstreuten Kunstgegenstände wieder zurückgeführt werden können? Nein, mit den kunst- und kulturgeschichtlichen Objekten, die in ganz anderem Zusammenhang und mit anderen Zielen in Kiel über Jahrzehnte gesammelt worden waren, konnte Schloss Gottorf nur ausgestattet werden, wenn gegenüber der Architektur des Schlosses und seiner Geschichte Respekt bezeugt würde. So ging es darum, Kunstgegenstände sinnvoll mit dem Schloss Gottorf zu verknüpfen, ohne den Anschein zu erwecken, dass die herzogliche Hoch-Zeit „nachgestellt" wirkt. Das war eine kompliziert zu lösende Aufgabe.

Kreis mit Lebensqualität

Blick in den Blauen Saal: Stuckatur nach 1624 und Gemälde vom Gottorfer Hofmaler Jürgen Ovens (1623–78)

Mit ungeheurem Fleiß und faszinierender Phantasie haben die Direktoren des Schleswig-Holsteinischen Landesmuseums seit der Eröffnung der Museen 1950 im Schloss ein Gesamtarrangement geschaffen, das die große Zeit Schloss Gottorfs spüren lässt, aber zugleich den Reichtum schleswig-holsteinischer Geschichte im weitesten Sinne zu spiegeln vermag. So brechen sich mit der neuen Inszenierung wie in einem Prisma höfische Kultur und Menschheitsgeschichte wie auch bürgerliches Sammlungsengagement und -temperament. Raritäten einer Sammlung, die von spätgotischer Zeit bis zur Gegenwart reichen, mussten mit Zeugnissen vor- und frühgeschichtlicher Etappen der Vorzeiten genauso verbunden werden wie kunsthandwerkliche und volkskundliche Gegenstände mit völkerkundlichen Exotika.

Dabei entwickelte sich Schloss Gottorf zu einem Kaleidoskop breitester Orientierung mit qualifiziertesten Beispielen. Einzelne Sammlungsteile stechen so heraus, dass sie allein ein Museumsganzes füllen könnten: Die Kunst des deutschen Expressionismus bildet einen solchen Pfeiler in der Gesamtpräsentation des Schlosses und seiner Dependancen, die von jährlich 280 000 Menschen besucht werden.

Die enorme Anziehungskraft hängt vor allem mit den unterschiedlichen Interessengebieten zusammen, die auf Schloss Gottorf erlebt werden können. Neben den Moorleichen, dem Nydam-Schiff von 320 und der ständigen archäologischen Ausstellung, die in jüngster Zeit um eine umfassende Darstellung der Stein- und Bronzezeit erweitert werden konnte, wird das Wikinger Museum Haithabu sechs Kilometer vom Schloss entfernt als besondere Besucherattraktion empfunden.

Das Nydam-Schiff selbst darf als außerordentliches Highlight bewertet werden. Jahrhunderte bevor die Wikingerzeit begann, spielte es als Kriegsschiff eine wichtige Rolle. In außerordentlich komplettem Zustand konnte es 1863 gut erhalten auf heute dänischer Seite ausgegraben werden. Daraufhin hat es später zwischen Deutschland und Dänemark immer wieder zu Diskussionen des rechtmäßigen Besitzes geführt. Dem konnte mit einer wirkungsvollen Entscheidung der Stiftung der Landesmuseen im Jahr 2003 begegnet werden, als es mit einer offiziellen Ausleihe für ein Jahr in das Nationalmuseum Kopenhagen gebracht wurde. Der Aufsehen erregende Transport und die kulturpolitische Tat haben auf däni-

Das aus Eichenholz gefertigte, 23 Meter lange und acht Tonnen schwere Nydam-Schiff (um 320 n. Chr.) konnte 1863 gut erhalten in einem außerordentlich kompletten Zustand auf heute dänischer Seite ausgegraben werden.

scher Seite vertrauensbildend gewirkt. Die dänische Königin selbst eröffnete und besuchte mit Ausdauer und persönlichem Interesse die prominente Präsentation von Schloss Gottorf in Kopenhagen.

Zu den kunst- und kulturgeschichtlichen Höhepunkten zählt schon der Weg, den die Besucher parallel zur Architektur der Schlossräume in einem Rundgang durch die Geschichte erleben. Er lässt sie mittelalterliche Altäre in einer gotischen Halle erleben, führt dann in die Neuzeit zu einer Sammlung von Gemälden Lucas Cranachs und seiner Schule, über eine Schatzkammer mit einem Exemplar der Gutenberg-Bibel in das Mezzaningeschoss, das der Volkskunst mit Bauernstuben, volkstümlicher Keramik und Trachten gewidmet ist. Dort geschieht der Übergang in die höfische Welt, die in der Abfolge von prachtvoll gewölbten Räumen eine Gemälde- und Silbersammlung zur Kunst des 17. Jahrhunderts ausbreitet. Jenseits von Schlosskirche und dem einzigartigen Hirschsaal um 1600 wird in der Rokokoabteilung die weltweit größte Sammlung nordeuropäischer Fayencen des 18. Jahrhunderts gezeigt. Weitere Akzente setzen Klassizismus und Biedermeier sowie die Sammlung von deutscher und dänischer Freilichtmalerei des 19. Jahrhunderts.

Neben dem Expressionismus, der mit hervorragenden Werken seiner deutschen Protagonisten in der Stiftung Horn gezeigt wird, spannt sich der Bogen in der „Galerie der Klassischen Moderne" an ausgewählten künstlerischen Positionen bis in die Gegenwart. In dem daneben gelegenen Kreuzstall ist die Dr. Alfred Gunzenhauser Sammlung zu sehen und seit 2004 für zehn Jahre eine umfangreiche deutsche Privatsammlung zur Moderne, die Sammlung Dr. Carl Großhaus, mit Gemälden von Anselm Kiefer, Tapies, Twombly, Meckseper, Vaccari u. a. präsentiert. Das weitläufige Gelände der Schlossinsel bietet ein phantastisches Ambiente für moderne Skulpturen. Die Skala reicht von Seitz, Hartung, Wimmer, Heiliger bis zu Magdalena Abakanowicz.

Das nahe gelegene Volkskundemuseum auf dem Schleswiger Hesterberg beeindruckt mit umfangreichen Präsentationen zu verschiedenen Aspekten des einfachen Lebens. Die Gottorfer Kutschensammlung mit Wagen vornehmlich des späten 19. Jahrhunderts bereitet schon auf die dortige Fahrzeugausstellung vor. Norddeutscher und preußischer Eisenkunstguss wird in der Dependance des Eisenkunstguss-Museums in Büdelsdorf bei Rendsburg gezeigt. Thematischen und monographischen Sommerausstellungen ist das in Mittelalter und Barock errichtete und ausgestaltete Kloster Cismar (bei Grömitz an der Ostsee in landschaftlich reizvoller Umgebung gelegen) gewidmet. Es gehört genauso zur Stiftung wie das Jüdische Museum in Rendsburg, dessen Kunstabteilung und dessen sakraler Raum besonders sehenswert sind. ∎

Kreis mit Lebensqualität

Danewerk – der Limes des Nordens

Nis Hardt / Dr. Bernd Zich

Auf einen Blick

Museen am Danewerk:
- Museum Danevirkegaarden in Danewerk
- Wikinger Museum Haithabu, Schloss Gottorf, Schleswig (Das Museum liegt in der Gemeinde Busdorf, an der B 76 Schleswig–Kiel.)

Geschichte in Stichworten:

um 690 älteste naturwissenschaftliche Daten

737 Holzdatierungen aus der Feldsteinmauer

804 König Göttrik in Haithabu

10. Jahrhundert diverse Bautätigkeiten

1160–82 Bau der Waldemarsmauer

1850 dänische Truppen auf dem Danewerk

1861–64 Ausbau des Danewerks als Frontstellung

1944 Bau eines Panzergrabens am Danewerk

2000 Beginn der Arbeiten am „Archäologischen Park Danewerk"

Die Region um Schleswig zählt zu den kulturgeschichtlich reichsten des Landes. Großsteingräber, vorgeschichtliche Grabhügel, Siedlungen der Wikingerzeit und des Mittelalters geben ihr ein unverwechselbares Gepräge. All diese Kulturdenkmäler werden aber in den Schatten gestellt durch das „Danewerk" (dänisch „Danevirke"), dem Verteidigungswall zum Schutze der Südgrenze Altdänemarks.

Zwischen der inneren Schlei und den Niederungen des Flusssystems von Eider, Treene und Sorge liegt eine nur sieben Kilometer breite Landbrücke. Hier verlief von Nord nach Süd der alte jütische Heerweg, den man in Schleswig-Holstein Ochsenweg nennt. Er war in eine Art Passsituation gezwungen, die bis heute durch den annähernd deckungsgleichen Verlauf der modernen Verkehrswege – Autobahn, Chaussee und Eisenbahntrasse – spürbar geblieben ist.

Mit etwa 30 Kilometer langen, gestaffelt liegenden Wallzügen zwischen dem wikingerzeitlichen Handelsplatz Haithabu an einem Nebenarm der Schlei und der Niederung der Rheider Au in Richtung Hollingstedt ist das Danewerk das größte archäologische Denkmal Nordeuropas. Neuesten wissenschaftlichen Ergebnissen zufolge wurden ältere Teile zum Ende des 7. Jahrhunderts errichtet. Bis ins 12. Jahrhundert wurde es immer wieder umgestaltet, erneuert und verstärkt: Um 737 baute man eine Feldsteinmauer, im späten 10. Jahrhundert den südlich vorgelagerten Kograben und zwischen 1160 und 1182 die nach ihrem Bauherrn, König Waldemar dem Großen, benannte Ziegelsteinmauer („Waldemarsmauer"). Sie ist nicht nur das erste, sondern mit einer ehemaligen Länge von etwa vier Kilometern – bei sieben Metern Höhe und

Luftbildausschnitt des Danewerks

bis zu drei Metern Breite – bis heute auch das größte jemals in Nordeuropa errichtete Ziegelbauwerk. Nach einem sechshundertjährigen Dornröschenschlaf wurde das Danewerk im zweiten deutsch-dänischen Krieg erneut zum Leben erweckt und als Frontstellung ausgebaut.

Am östlichen Ende der zusammenhängenden Danewerk-Wallzüge leitet der so genannte Verbindungswall in den Halbkreiswall von Haithabu über. Ein Rundgang auf dem imposanten, das Siedelzentrum landseitig umschließenden Verteidigungswall gewährt hervorragende Einblicke in die Landschaft des westlichen Schleibereichs. Sofern man diesen Exkurs mit einem Besuch des Wikinger Museums Haithabu

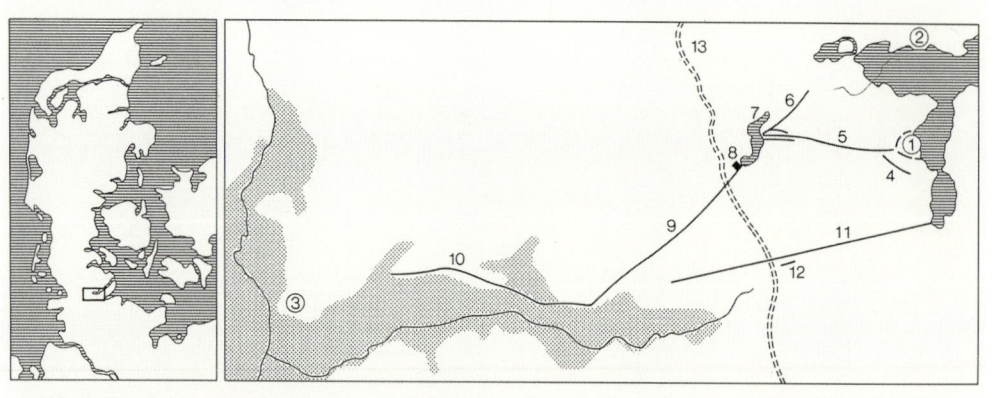

Abb. 1 Die Schleswiger Landenge mit dem Danewerk und dem Kograben. 1 Haithabu, 2 Schleswig, 3 Hollingstedt, 4 Vorwall, 5 Verbindungswall mit Doppelwall und Bogenwall, 6 Alter oder Nordwall, 7 Dannewerker See, 8 Thyraburg, 9 Hauptwall mit Waldemarsmauer, 10 Krummwall, 11 Kograben, 12 Kurzer Kograben.

Übersichtskarte des Danewerks

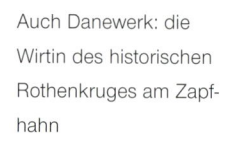

Auch Danewerk: die Wirtin des historischen Rothenkruges am Zapfhahn

Die Waldemarsmauer, errichtet im 12. Jahrhundert vom dänischen König Waldemar dem Großen

46

verbindet, gelingt es mühelos, das Bild des einstigen Handelsortes vor dem geistigen Auge neu erstehen zu lassen, zumal ab 2004 in der alten Siedelfläche typische Gebäude nach archäologischen Ausgrabungsbefunden rekonstruiert werden.

Heute zieht sich das Danewerk als grünes Band durch die Landschaft. Dank des vorbildlichen Einsatzes des Kreises Schleswig-Flensburg, hoheitlich zuständiger Fachbehörden und weiterer Akteure wird das Kulturdenkmal und Naturschutzgebiet Danewerk zunehmend für den Tourismus erschlossen. Besonders hervorzuheben ist der „Archäologische Park Danewerk" im Ortsteil Klein Dannewerk, mit dem Museum Danevirkegaarden und dem historischen Gasthof Rothenkrug im Zentrum. Attraktionen sind u. a. freigelegte Teile der Waldemarsmauer und die gewaltige, rekonstruierte Schanze 14 von 1864. Hier kann man sich auf gut ausgebauten Wegen zu Fuß oder per Fahrrad das imposante Denkmal erschließen, dessen immense kulturhistorische Ausstrahlung allenthalben spürbar ist. Aber auch Flora und Fauna werden den Besucher begeistern, stellt das Danewerk als lineares Naturschutzgebiet doch eine wichtige Landbrücke für die Ausbreitung vieler Arten dar.

Dank des beispielhaften Miteinanders von Dänen und Deutschen in der Grenzregion hat der einstige Sperrriegel heute nichts Trennendes mehr. Er ist im Gegenteil zu einem Symbol der Völkerverständigung geworden, wie die zahlreichen Besucher des In- und Auslandes hier eindringlich klar werden lassen.

Der Danewerk-Hauptwall bei Kurburg

Mühlen, Katen, Herrenhäuser – sehenswerte Baudenkmale

Friedrich Wilhelm Wenner

Auf einen Blick

Auf den ersten Blick scheinen die drei unterschiedlichen Gebäudetypen in keinem direkten Zusammenhang zu stehen. Doch bei näherer Betrachtung erkennt man die enge Verknüpfung mit der Sozialgeschichte des Landes Schleswig-Holstein. Die bauliche Entwicklung der Mühlen und Katen geht einher mit der sozialen Befreiung von der Gutsherrschaft, während die noch bestehenden Herrenhäuser als ein Relikt dieser Zeit überlebt haben.

Im wahrsten Sinne des Wortes „hervorragend" aus der schleswig-holsteinischen Landschaft sind die Windmühlen. Schon zur Merowingerzeit spielten die **Mühlen** in den kirchlichen Besitzungen eine besondere Rolle. Die grundherrlichen Müller, die ihre Nahrung nicht durch die Klöster bezogen, erhielten jeder eine Hofstätte und ein bestimmtes Maß Land. Im Gegenzug mussten sie für die Ernährung ihrer Familien die für die Landarbeit notwendigen Tiere und sonstiges Vieh vorhalten. Mit dem Absolutismus änderte sich das: Wind und fließendes Wasser gehörten nun zu den Dingen, an denen Privatpersonen kein Eigentum erwerben konnten.

Die offizielle Aufhebung des Mühlenzwangs im Jahr 1853 und die anschließende Einführung der Gewerbeordnung für den norddeutschen Bund sorgten für die neue Freiheit des Mühlengewerbes. Die daraufhin entstehende Überkapazität führte in der Folgezeit zu Aufgaben und Konkursen zahlreicher Mühlen, was durch das Aufkommen von Dampfmühlen noch verstärkt wurde. Mit dem Rückgang der „Naturkraftmühlen" wurde der Beginn einer neuen, konzentrierten Wirtschaftsform eingeläutet.

Ein Teil dieser Entwicklung lässt sich noch heute an den verbliebenen Mühlen unseres Kreises nachvollziehen. Von den ersten Bockmühlen ist nur noch ein Exemplar im Freilichtmuseum in Molfsee erhalten. Von den so genannten Holländermühlen, bei denen das Flügelkreuz und die dazu gehörigen Getriebeteile in einer beweglichen Kappe untergebracht sind, stehen noch einige gute Beispiele im Norden des Kreisgebiets. Eine kleine Auswahl: Bergholländer „Hoffnung" in Munkbrarup, Galerieholländer „Fortuna" in Unewatt, Erdholländer „Hoffnung" in Nübelfeld, Erdholländer „Charlotte" in Beveroe, Galerieholländer in Kappeln.

Auch die alten Wassermühlen zeugen von der Prosperität der Landwirtschaft in den zurückliegenden Jahrhunderten. Neben den Mühlen in Selk, Schafflund oder Bollingstedt ist die Wassermühle in Schaalby hervorzuheben, die dank der nimmermüden Pflege des Eigentümers erhalten geblieben ist. Sie treibt neben den vorhandenen Mahlgängen auch andere Maschinen über Transmissionsriemen an. Viele Mühlen wären verloren gegangen, wenn nicht immer wieder idealistische Eigentümer mit großem finanziellem Engagement das Ihre zur Erhaltung dieser Kulturdenkmäler beitragen würden.

Das trifft ebenso auf die kleinen **Katen** zu, die in der Umgebung der alten Gutsanlagen entstanden und unsere Landschaft mehr prägten als andere Gebäude. Diese Fachwerkbauten hatten immer das gleiche Konstruktionsprinzip: neben zwei kleinen Räumen, der Küche und einer weiteren Kammer der kleine Stallbereich mit dem Unterstand für Kuh, Pferd und Kleinvieh. Einzig beheizbar war die Küche, später durch so genannte „Bylegger" noch ein weiterer Raum. Leider sind von diesen ursprünglichen Katen nur eine knappe Hand voll noch erhalten. Die anderen wurden im Laufe der Zeit verändert, erweitert oder abgetragen und an anderer Stelle wieder aufgebaut. Um diese Entwicklung zu verstehen, ist ein kurzer Rückblick in die Geschichte notwendig.

Die Leibeigenen der Gutsherrschaften waren ohne Besitz an Hof und Land ihren Herren zu Diensten verpflichtet und durch Frondienste und Abgaben so unter Druck

Kreis mit Lebensqualität

Die Holländermühle
„Hoffnung" bei Nübelfeld

Landwirtschaftliche Tradition in Angeln: das Herrenhaus Rundhof

gesetzt, dass vielfach kaum etwas zum Essen für die Familie übrig blieb. Gebäude und Inventar gehörten dem Gutsherrn, der Zustand war sehr schlecht. Erst nach dem Dreißigjährigen Krieg verbesserte sich die Situation, insbesondere im Landschaftsteil Angeln.

Um 1700 gab es Gegenden im Bereich der Nieharde, in denen die Bauern wohlhabend geblieben waren und der Boden auch durchweg gut bewirtschaftet war. In der zweiten Hälfte dieses Jahrhunderts hatten aufgeklärte Gutsherrn, wie auf Gut Rundhof, auf ihrem Besitz die Leibeigenschaft fast aufgehoben. Im Zuge der Aufklärung wurde diese mehr und mehr als menschenunwürdig betrachtet und während der Agrarreformen zum Beginn des 19. Jahrhunderts endgültig aufgehoben.

Seit dieser Zeit entwickelte sich das Bauernhaus dank des wirtschaftlichen Aufschwungs von der kleinen Katenstelle über die Bauernstellen bis zum großen niederdeutschen Fachhallenhaus. Katenstellen wurden nun nicht mehr gebraucht und nicht mehr gebaut.

Doch so romantisch verklärt die heutigen Eigentümer ihre Häuser manchmal betrachten, in den Gebäuden herrschte früher große Not. Aus diesem Grund ist der engagierte Denkmalpfleger bemüht, die Schlichtheit des Gebäudes auch bei der inneren Umgestaltung nicht aus den Augen zu verlieren. Die wenigen verbliebenen Objekte bleiben ein wichtiges Zeugnis einer Zeit, deren Glanz nur an den Höfen der herrschenden Klasse wiederzufinden ist.

Die **Herrenhäuser** sind in unserer Kulturlandschaft Zeitzeugen wirtschaftlichen Wohlstands. Sie finden sich vorzugsweise in Angeln, aber auch südlich der Schlei in Schwansen und weiter im dänischen Wohld, wo auch die landwirtschaftlichen Flächen mit den besten Böden anzutreffen sind. Viele der heute noch existierenden Gutsanlagen entstanden in der Nachfolge ehemaliger Wasserburgen der mittelalterlichen Rittergeschlechter. Reste dieser Turmhügelburgen sind als archäologische Denkmale erhalten.

Mit der Reformationszeit – dem Zusammenbruch der katholischen Kirche – wurden die Ländereien aus dem Besitz der Klöster und Bistümer neu geordnet, und die Errichtung von Herrenhäusern ergab sich daraus als dringende Notwendigkeit. Ihre Befestigung verlor immer mehr an Bedeutung, und heute erinnern nur noch Wassergräben, Bastionen und umgebaute Wehrtürme an die kriegerischen Zeiten.

In Glücksburg ließ Herzog Hans Ende des 16. Jahrhunderts das Schloss in den Schlossteich bauen. Die ehemalige Zugbrücke ist durch einen schmalen Brücken-

Herrenhaus Toestorf

bau ersetzt worden, die Wehrhaftigkeit der Ecktürme, erkennbar an den Schießscharten, wird durch die aufgesetzten Dächer gemildert. Die wechselhafte Geschichte des Schlosses und seine Bedeutung für die Landesgeschichte präsentieren sich am besten bei einem Besuch der Anlage.

Der weitere Weg führt an den nicht weniger interessanten kleineren Anlagen in Lundsgaard und Rundhof vorbei nach Gelting. Schon um 1300 entstand an diesem strategisch wichtigen Punkt eine Befestigungsanlage, die westlich der Gutsanlage als Turmhügel mit Graben erkennbar ist. Der runde Turm ist möglicherweise einer der ältesten Teile aus dem 15. Jahrhundert und diente damals als Wohnturm. Die Ausstattung des Gebäudes ist herausragend und zählt zu den bedeutendsten des Landes. Über Düttebüll, Buckhagen, Oehe und Drült erreichen wir die Anlage in Roest. Sie zählt zu den ältesten Herrenhäusern des Landes und ist mit der Windmühle und dem Heringszaun das wichtigste Denkmal in Kappeln. Viele Geschichten ranken sich um das Haus und deren Besitzer.

Auf der Schwansener Seite der Schlei gehört noch der Ahlefeldtsche Hof in Olpenitz zum Kreisgebiet. Wieder auf dem nördlichen Ufer, erreichen wir das Gut Lindau, das in den letzten Jahren durch die Fernsehsendung „Der Landarzt" zu einem Tourismusmagnet geworden ist. Höhepunkt und Abschluss unserer Herrenhäuser-Rundreise sind Schloss Gottorf und der Neuwerkgarten am innersten Zipfel der Schlei. Diese außergewöhnliche Anlage wird in einem eigenen Artikel ausführlich beschrieben. Mit der Pflege und dem Schutz der Kulturdenkmale des Kreises Schleswig-Flensburg wird nicht nur der äußere Wert der baulichen Hülle erhalten, sondern auch die Erinnerung an die inneren Werte und die Geschichte unseres Landes.

Lebendiges Kunst- und Kulturleben

Dr. Matthias Schartl

Am Schnittpunkt zweier Kulturwelten in der deutsch-dänischen Grenzregion präsentiert der Kreis Schleswig-Flensburg ein unverwechselbares und einzigartiges kulturelles Profil. Fernab der großen Kulturmetropolen profitieren die Menschen dort von hochrangigen und vielfältigen Angeboten, die künstlerischen Innovationen ebenso Freiräume bieten wie emotionalen Erlebnissen.

Viele schätzen darüber hinaus das mehr im Verborgenen schlummernde örtliche Kulturleben, ein auf die Bedürfnisse der Bevölkerung zugeschnittenes Programm in einem vertrauten und persönlichen Umfeld. Schleswig-Flensburg kennzeichnet eine reizvolle, oft durch ehrenamtliches Engagement geprägte Kultur- und Bildungslandschaft, zum Mitmachen ebenso geeignet wie zum Sehen und Hören.

Die Kulturstiftung

Die Kulturstiftung des Kreises Schleswig-Flensburg bündelt die kulturellen Aktivitäten, sorgt für neue Ideen und für kulturelle Dynamik. Die Kulturstiftung wirkt zudem im Netzwerk der grenzüberschreitenden Kulturkooperation. Zahlreiche Projekte mit den Partnern der Region Sønderjylland/Schleswig werden gemeinsam verwirklicht.

Blick auf den Jugendhof Scheersberg – eine traditionsreiche internationale Begegnungsstätte von Rang

Kreis mit Lebensqualität

Musikleben

Unter dem Dach der Kulturstiftung begeistert die Kreismusikschule mehr als 2000 Schülerinnen und Schüler jeden Alters mit einem umfassenden Angebot in musisch-kultureller Bildung. Das klingende über den Kreis verteilte Netzwerk bietet nicht nur den spielerischen Zugang zur Welt der Musik. Herausragende Begabungen werden ebenso gefördert.

Der Kreis ist Mitgesellschafter beim „Schleswig-Holsteinischen Landestheater und Sinfonieorchester", Schleswig ist Theaterstadt. Sommerlicher Geheimtipp sind die Kammermusiken der „Angeliter Sommerkonzerte" und der „R(h)apsodie in der Nieharde". Ebenso sehens- wie hörenswert sind die Schleswiger Jazztage, die Musikabende in Schlössern, Gutshäusern oder altehrwürdigen Kirchen.

Fortsetzung Seite 56

Der Lindauhof in Angeln ist als Kulisse für die Fernsehserie „Der Landarzt" deutschlandweit bekannt.

Theater Flensburg

SCHLESWIG-HOLSTEINISCHES LANDESTHEATER UND SINFONIEORCHESTER

GRÖSSTE LANDESBÜHNE IN DEUTSCHLAND

Das Schleswig-Holsteinische Landestheater ist die größte Landesbühne der Bundesrepublik. Gründungsdatum des als GmbH geführten Landestheaters ist der 1. August 1974.

19 Gesellschafter-Städte, -Kreise und -Gemeinden zeichneten damals unterschiedliche Anteile am Stammkapital. Damit können sie selbst die jährlichen Vorstellungsanzahlen in den einzelnen Orten festlegen. Anders als bei den anderen Landesbühnen ist dem Schleswig-Holsteinischen Landestheater damit die Vorstellungszahl garantiert.

30 JAHRE LANDESTHEATER

Ausgangspunkt der Überlegungen waren die bereits in den sechziger Jahren unternommenen Anstrengungen der Städte Flensburg, Rendsburg und Schleswig, die Theaterarbeit in ihren Spielstätten zu rationalisieren, um die Kosten aufzufangen. Nach der Absichtserklärung der Landesregierung, die Zuschüsse für die Theater einzufrieren, wurden 1971 erstmals Grundsatzgedanken für das Modell eines vereinigten Landestheaters entworfen. Das führte dann im Endergebnis zu der Zusammenfassung der drei bis dahin selbstständigen Theater in Flensburg, Rendsburg und Schleswig. Alle drei Städte blicken auf jahrhundertealte Theatertradition zurück.

DIE SPARTEN

Flensburg wurde zum Sitz und Probenort des Schleswig-Holsteinischen Sinfonieorchesters, des Balletts und des Musiktheaters. Während die Intendanz, Verwaltung und Dramaturgie sowie ein Teil des Schauspiels in Schleswig untergebracht sind, hat der andere Teil des Schauspiels in Rendsburg seinen Sitz. Beide Städte sind zugleich Produktionsstandorte für das Schauspiel.

WESENTLICHER WIRTSCHAFTSFAKTOR FÜR DIE REGION

Heute ist das Schleswig-Holsteinische Landestheater und Sinfonieorchester ein modernes Unternehmen mit knapp 340 Beschäftigten und

Kreis mit Lebensqualität

Theater Schleswig

Auf einen Blick
Gründungsjahr: 1974
Sitz-Orte/ Einwohnerzahlen: Flensburg: 88 000 Rendsburg: 31 500 Schleswig: 27 000
Rechtsträger: Schleswig-Holsteinische Landestheater und Sinfonieorchester GmbH; mit Städten, Gemeinden und Kreisen als Mitglieder
Gesetzlicher Vertreter: Michael Grosse Geschäftsführer
Generalintendant: Michael Grosse
Verwaltungsdirektor: Reiner Schmeckthal
Aufsichtsratsvorsitzender: Dr. Jörn Klimant
Beschäftigte: 340

■ Schleswig-Holsteinische Landestheater und Sinfonieorchester GmbH

über 700 Vorstellungen pro Spielzeit und damit ein wesentlicher Wirtschaftsfaktor für die Region. Mit mehr als 16 Prozent Eigeneinnahmen am Gesamtetat steht es deutschlandweit an einer Spitzenposition.

Betrieben wird es in der Rechtsform einer Gesellschaft mit beschränkter Haftung, an der Spitze mit dem Generalintendanten als alleinigen Geschäftsführer.

INHALTLICHE GEWICHTUNG

Mit dem ersten Intendantenwechsel in der Geschichte des Landestheaters zu Beginn der Spielzeit 2000/01 haben sich auch inhaltliche Gewichtungen in Spielplan und Bühnenästhetik geändert.

Das zeitgenössische Schaffen – sowohl im Musiktheater wie auch im Schauspiel – gilt nicht mehr nur als Pflichtübung. Uraufführungen, Auftragswerke und Autorenstipendien mit Hilfe der Städte gehören zum festen Bestandteil der Theaterpolitik.

ERFOLGREICHE SPARTEN

Besonders erfolgreich waren in den ersten Jahren des Generalintendanten Michael Grosse der stark ausgebaute Anteil des Kinder- und Jugendtheaters, das neu geschaffene Puppentheater und die neu formierte Ballettcompagnie, welche sich einen großen Publikumskreis ertanzt hat, sei es mit klassischem Programm, oder mit von Jung und Alt begeistert aufgenommenen Choreographien zu Rockmusik.

Anspruchsvolle Konzertreihen werden vom Schleswig-Holsteinischen Sinfonieorchester unter der Leitung von GMD Gerard Oskamp angeboten.

In der Saison 2004/05 geben die Musiker der „Sehnsucht nach Frieden" in den verschiedenen Konzertreihen Ausdruck und wollen mit den Mitteln der Kompositionen, dem Kriegsprotest bei Schostakowitsch, dem Verlangen nach seelischem Frieden bei Schönberg bis zum Gebet bei Mendelssohn und Beethoven zum Nachdenken anregen.

Auf einen Blick

Gründungsjahr: 1987

Mitarbeiter: ca. 75

Einrichtungen:
– Gemeinschaftsarchiv Schleswig-Flensburg
– Landschaftsmuseum Angeln, Unewatt
– Kreismusikschule

Etat: 2,42 Mill. Euro

■ Kulturstiftung des Kreises Schleswig-Flensburg

Das Haus der Kulturstiftung in Schleswig

Wir über uns:
Kulturstiftung des Kreises Schleswig-Flensburg

Die Kulturstiftung des Kreises Schleswig-Flensburg ist 1987 als „gemeinnützige, rechtlich selbständige kommunale Stiftung" zur Förderung der Kulturarbeit gegründet worden. Sie bündelt die kulturellen Aktivitäten des Kreises, fördert Kultureinrichtungen und unterstützt – auf Antrag – kulturelle Projekte von Vereinen, Verbänden oder freien Trägern. Zugleich fungiert die Kulturstiftung als Dachorganisation der kreiseigenen Einrichtungen wie dem Gemeinschaftsarchiv, dem Landschaftsmuseum Angeln in Unewatt und der Kreismusikschule.

Die Kulturstiftung vertritt für den Kreis Schleswig-Flensburg die deutschen Interessen in der deutsch-dänischen Kulturfachgruppe, um die grenzübergreifende kulturelle Kooperation zu festigen und weiter auszubauen.

Wikinger Museum Haithabu

Museen – wie Sand am Meer

Schleswig-Flensburg ist der Kreis mit der wahrscheinlich größten Museumsdichte in Deutschland. Die landwirtschaftliche und handwerkliche Tradition der Region entdecken die Besucher beim Besuch des kreiseigenen Landschaftsmuseum Angeln in Unewatt. In diesem für die Region einmaligen Museum wird die reichhaltige Baugeschichte der Landschaft Angeln am Originalstandort ebenso behütet wie die Natürlichkeit der historisch gewachsenen Kulturlandschaft.

Im Schloss Gottorf in Schleswig, der einstigen herzoglichen Residenz und heutigen „Kulturhauptstadt", befinden sich die Landesmuseen. Wenige Gehminuten entfernt präsentiert das „Volkskundemuseum" seine Bestände. Im benachbarten Busdorf erinnert das „Wikinger Museum" an die Geschichte des erstmals im Jahre 804 erwähnten Haithabus, dem wichtigsten frühmittelalterlichen Handelsplatz des Ostseeraumes.

Kreis mit Lebensqualität

Landschaftsmuseum Angeln in Unewatt: Sein Erfolgsrezept ist die bundesweit einzigartige Einbindung musealer Einrichtungen in ein lebendiges Dorf.

In der nördlich von Schleswig gelegenen Idstedt-Halle wird das Andenken an die schleswig-holsteinische Erhebung von 1848 gepflegt.

Schleswigs Stadtmuseum wartet mit seiner neusten Attraktion auf, dem „Teddy Bär Haus", Glücksburgs Schlossmuseum gilt als Wiege europäischer Königsfamilien. Darüber hinaus bewahren über 30 ehrenamtlich geleitete Dorfmuseen das historische Erbe. In Kappeln sind die „Angelner Dampfeisenbahn" und ein Museumshafen beheimatet. Liebevoll restaurierte Wind- und Wassermühlen geben Einblicke in Technik und Arbeitsleben der Vergangenheit.

Ausgrabungen am Ringwall von Haithabu, im „Archäologischen Park Danewerk", wo die älteste Befestigungsanlage Nordeuropas zu finden ist, im Gräberfeld „Arnkiel-Park" bei Munkwolstrup oder im Thorsberger Moor bei Süderbrarup künden von den archäologischen Kostbarkeiten und laden zu einem Besuch ein.

Büchereien und Archive

In Schleswig hat das Landesarchiv Schleswig-Holstein in einem repräsentativen Bau, dem Prinzenpalais, ein würdiges Domizil gefunden. Hier werden Quellen und Dokumente von landesweiter historischer Bedeutung vorgehalten. Das wertvolle Schriftgut des Kreises und der Stadt Schleswig bewahrt ein gemeinsames kommunales Archiv. Die Archivberatung des Gemeinschaftsarchivs sorgt dafür, dass die relevanten Unterlagen der Städte, Gemeinden und Ämter dezentral zur Verfügung stehen. Der 1921 gegründete Büchereiverein ist heute nach den modernsten Gesichtspunkten organisiert. Vom Kreis finanziell unterstützt, versorgen acht stationäre Büchereien und drei Fahrbüchereien Einwohner und Touristen mit den aktuellen Medien.

Weiterbildung

Mit ihren breit gefächerten und zum Teil grenzüberschreitenden Studienangeboten strahlt die Universität Flensburg weit über die Region hinaus. Das vom Kreis geförderte Weiterbildungsnetz der Volkshochschulen und Kulturringe erreicht fast jede Gemeinde. Kurse der Landfrauenvereine, der dänischen Erwachsenenbildung, der Akademien in Sankelmark und des Jugendhofs Scheersberg in der Trägerschaft des Deutschen Grenzvereins, der Gewerkschaften, der Kirchen, der Handwerkskammer und der Industrie- und Handelskammer bereichern das Angebot.

Künstlerkolonie Angeln

Der landschaftliche Reiz Angelns, dazu gesunde Luft mit klarem und unverfälschtem Licht, haben immer wieder Künstler dazu animiert, im Kreis Schleswig-Flensburg zu leben und zu arbeiten. Berühmte Sommergäste waren der Maler Erich Heckel und der Musiker Eduard Erdmann. Heute finden hier u. a. Siegfried Lenz und Klaus Fußmann inspirierende Ruhe. Zahlreiche Galerien und Kunsthäuser vertreten die Werke der heimischen Künstlerinnen und Künstler. ■

Die dänische Minderheit im Kreis Schleswig-Flensburg

Heinrich Schultz

Die dänische Minderheit im Kreis Schleswig-Flensburg ist modern organisiert und bietet ihren Mitgliedern wie auch ihren deutschen Freunden einen umfassenden Service. Während beispielsweise Schulen und Gesundheitsdienst mehr minderheitsbezogen arbeiten, wird das qualitativ hoch angesiedelte Kulturangebot des „Sydslesvigsk Forening (SSF)", Kulturträger der dänischen Minderheit, auch von vielen Deutschen genutzt – wie zum Beispiel Konzerte oder das vereinseigene Museum am Danewerk, der „Danevirkegården".

Die Basisarbeit des Vereins und die direkte Mitgliederbetreuung werden im Kreis Schleswig-Flensburg in 51 Distrikten geleistet, die in zwei Kreisverbänden organisiert sind. Beide sind mit eigenem SSF-Sekretariat mit professioneller Besetzung ausgestattet. 21 eigene Versammlungshäuser sowie alle dänischen Schulen stehen den Vereinsmitgliedern für ihre Zusammenkünfte und Aktivitäten zur Verfügung, in Schleswig auch ein Rentnerwohnheim mit 16 Wohnungen.

Auf der übergeordneten Ebene macht der Geschäftsführende Vorstand bzw. der Hauptvorstand des SSF die Politik – nicht die alltägliche bzw. die Parteipolitik, denn auf dem Gebiet ist der Südschleswigsche Wählerverband (SSW) der Souverän. Aber in der Minderheitenpolitik im breitesten Sinne ist der SSF federführend, häufig zusammen mit dem SSW. Im Kleinen – wie beim gemeinsamen Erinnnern am Idstedt-Tag oder beim Oeversee-Marsch –, im Überregionalen – wie dem gemeinsamen Bestreben zur Errichtung eines Archäologischen Parks Danewerk – sowie im Großen – wie der Einrichtung einer Minderheitenvertretung beim Bundestag für die vier einheimischen Minderheiten in Deutschland (Dänen, Friesen, Sorben und Sinti & Roma): Der „Sydslesvigsk Forening" ist dabei, zum Wohle seiner Mitglieder, zum Wohle der gesamten dänischen Minderheit – und auch zum Wohle letztlich der gesamten Bevölkerung des Kreises Schleswig-Flensburg.

Der Südschleswigsche Wählerverband, die Partei der Minderheit, ist mit sechs Mitgliedern im Kreistag vertreten, und in zahlreichen Gemeindevertretungen sind die SSW-Mitglieder anerkannt für ihre ausgeglichene und überparteiliche Arbeit.

21 dänische Schulen, dazu eine Heimvolkshochschule in Jarplund, sowie 21 dänische Kindergärten sind gut besucht und für ihre nordisch orientierte Pädagogik bekannt. In zahlreichen Kursen der dänischen Erwachsenenbildung wird in jedem Winterhalbjahr in Dänisch, anderen Sprachen und in diversen Aktivitäten unterrichtet.

Der Dänische Gesundheitsdienst unterhält in Schleswig eine Sozialstation sowie sieben mobile Krankenschwestern für den ausschließlichen Einsatz im Kreisgebiet Schleswig-Flensburg.

Die Versorgung mit Büchern und Medien aller Art erfolgt durch eine Hauptfiliale der Dansk Centralbibliotek Flensburg in Schleswig sowie aktive Fahrbüchereien. Die dänische Tageszeitung Flensborg Avis ist im Kreisgebiet mit einer Lokalredaktion in Schleswig vertreten.

Neun dänische Pastoren der Dansk Kirke i Sydslesvig betreuen die 21 däni-

Fortsetzung Seite 63

Auf einen Blick

Rund 10 Prozent der Bewohner des Kreises Schleswig-Flensburg gehören der dänischen Minderheit an. Sie ist hier – wie im übrigen Südschleswig – heimisch seit dem deutsch-dänischen Grenzverlauf von 1864 bzw. der Volksabstimmung von 1920, nach der diese Grenze ihren endgültigen Verlauf bekam.

Auf einen Blick

2 SSF-Kreisverbände
2 SSF-Sekretariate
51 SSF-Distrikte
21 SSF-Versammlungshäuser
1 dänisches Museum am Danewerk
16 SSF-Altenwohnungen in Schleswig

6 SSW-Kreistagsabgeordnete
80 SSW-Gemeinderäte

21 dänische Schulen
21 dänische Kindergärten
1 dänisches Gymnasium in Flensburg
1 dänische Heimvolkshochschule in Jarplund
zahlreiche Kurse in der dänischen Erwachsenenbildung

1 dänische Sozialstation in Schleswig
7 mobile dänische Krankenschwestern

1 dänische Bücherei in Schleswig
2 dänische Bücherbusse

Lokalredaktion der dänischen Tageszeitung Flensborg Avis in Schleswig

21 dänische Kirchengemeinden
9 dänische Pastoren

2 dänische Pfadfinderzentren in Eggebek und Tarp

Eines von zahlreichen viel genutzten SSF-Versammlungshäusern im Kreis: „Bøglund Forsamlingshus" in Böklund

Wir über uns: Die dänische Minderheit

Die dänische Minderheit macht rund zehn Prozent Bevölkerungsanteil im Kreis aus. Sie ist hier – wie im übrigen Südschleswig – heimisch seit dem deutsch-dänischen Grenzverlauf von 1864 bzw. der Volksabstimmung von 1920, wo die Grenze ihren endgültigen Verlauf bekam.

Die dänische Minderheit ist eine moderne Minderheit, ausgestattet mit einem Apparat, der ihren Mitgliedern aber auch Freunden aus der Mehrheitsbevölkerung einen umfassenden Service bietet.

Während zum Beispiel die Schulen, die Kirche und der Gesundheitsdienst überwiegend minderheitenbezogen arbeiten, nutzen viele deutsche Freunde das qualitativ hoch angesiedelte Kulturangebot des „Sydslesvigsk Forening (SSF)", Kulturträger der dänischen Minderheit bzw. des Jugendverbandes „Sydslesvigs danske

Die neu errichtete dänische Kirche mit Glockenturm in Süderbrarup. Sie löste die baufällige Baracke von 1945 ab.

Im ehemaligen Jagdhaus eines dänischen Königs wohnt heute der Leiter des Landschulheims „Christianslyst" in Nottfeld.

Kreis mit Lebensqualität

Ungdomsforeninger (SdU)". Auch das Danewerk Museum des SSF wird von deutscher Seite gut angenommen. In der Untergliederung leistet jedes der 51 „Distrikte" des SSF eine breit gefächerte Basisarbeit und die direkte Mitgliederbetreuung, verteilt auf zwei Kreisverbände, jeweils einen für die ehemaligen Kreiskörperschaften Landkreis Flensburg und Landkreis Schleswig.

Viele selbstständige Organisationen und Einrichtungen bilden zusammen die dänische Minderheit – siehe nebenstehend „Auf einen Blick".

Die dänische Heimvolkshochschule „Jaruplund Højskole" in Jarplund südlich von Flensburg, liegt an einem idyllischen See.

Die dänische Bücherei und die Lokalredaktion der dänischen Tageszeitung haben ihren Sitz in Schleswig.

Auf einen Blick

1 dänisches Landschulheim/Bildungsstätte in Nottfeld

1 dänische Trainingshalle in Schleswig

3 dänische Freizeitheime in Schleswig, Harrislee und Kappeln

div. dänische Jugend- und Sportvereine

div. dänische Jugendclubs

Weitere dänische Verbände:
– Hausfrauenverband
– Frauenverband
– Nordischer Verein
– Bauernverein
– Amateurtheatervereine
– Chöre
– Seniorenwohnheim in Tarp (privat)
– Kupfermühle Museum (privat)
– Schleswigscher Kreditverein mit Sitz in Harrieslee
– Selbsthilfeverein mit Sitz in Schleswig

■
Sydslesvigsk Forening
Dansk
Generalsekretariat
Flensburg

61

Eines der landschaftstypischen Häuser ist für den Jugendhof umgebaut worden.

Auf einen Blick

Träger:
Private Jugendhilfemaßname als GbR Familie Arff und Mitarbeiter

Gründungsjahr:
Übernahme seit 1997

Mitarbeiter:
4 pädagogische Mitarbeiter
hauswirtschaftliches Personal
Nachtbereitschaften

Ausstattung:
- mehrere Doppelzimmer
- Außenbetreuung
- Elternberatung
- 2 ha Freifläche für historische Zelte und Lagerfeuer
- Basteln von Wikinger-Schildern und -Stühlen

Wir über uns: Jugendhof Gunneby GbR

Unweit der Schlei, am Rande eines kleinen idyllischen Dorfes namens Gunneby, liegt der Jugendhof Gunneby. Die beiden Städte Schleswig und Eckernförde sind durch die infrastrukturelle Anbindung gut zu erreichen.

Die Einrichtung ergänzt mit ihrer pädagogischen Arbeit und durch zahlreiche Angebote die medizinische und psychiatrische Versorgung der dort ansässigen fachlich ausgerichteten Krankenhäuser. Kindern und Jugendlichen wird in dem Haus mit u. a. Segeln, Baden, Reiten, Wandern, Radfahren, Karate, Fußball, DLRG und Zelten eine umfassende Erlebnispädagogik geboten. Eine der wichtigsten Aufgaben des Jugendhofes Gunneby ist es, Kindern und Jugendlichen ein Grundgefühl der Zugehörigkeit am gesellschaftlichen Leben zu vermitteln. Ein weiterer Schwerpunkt der Arbeit des Jugendhofes bildet die Elternarbeit mit dem Ziel, Kinder durch den Prozess der Resozialisation wieder in die Herkunftsfamilien zu integrieren.

Das kompetente Team arbeitet unter der Prämisse des erfahrenen Umgangs mit den Problemen und Sorgen, dem notwendigen Maß an Toleranz und Solidarität sowie der Sensibilität für Nähe und Distanz.

Jeder Jugendliche trägt allein die Verantwortung für „sein Boot" und stärkt sein Selbstvertrauen, mit dem ihm überlassenen Material sorgsam umzugehen.

Jugendhof
Gunneby GbR
Ulsnis

Kreis mit Lebensqualität

schen Kirchengemeinden im Kreis. Auch andere dänischen Vereine sind hier aktiv: der dänische Hausfrauenverband, der Frauenverband, der Nordische Verein, der dänische Bauernverein, Amateurtheatervereine, Chöre, das private Seniorenwohnheim in Tarp, das Kupfermühle Museum, der Schleswigsche Kreditverein mit Sitz in Harrislee, der Selbsthilfeverein mit Sitz in Schleswig sowie – last, but not least – der dänische Jugendverband „Sydslesvigs danske Ungdomsforeninger", der mit dem Pfadfinderzentrum in Tydal bei Eggebek, dem Landschulheim bzw. der Bildungsstätte Christianslyst bei Süderbrarup, der großen Trainingshalle in Schleswig, den Freizeitheimen in Schleswig, Kappeln und Harrislee, diversen Jugendklubs sowie vielen selbstständigen Jugend- und Sportvereinen, verteilt auf das gesamte Kreisgebiet, eine vorzügliche Jugendarbeit leistet.

Die dänische Minderheit ist auch im Kreis Schleswig-Flensburg ein großer Aktivposten – nicht immer sichtbar, aber immer da, zuverlässig und kooperativ, mit allen positiven Kräften.

Jahrestreffen der dänischen Volksgruppen im Landesteil Schleswig

Kirche auf dem Land – Begegnung von Tradition und Moderne

Johannes Ahrens

„Die Kirche im Dorf lassen" – diese Redensart ist in der Region Alltag: Wer im Kreisgebiet unterwegs ist, dem fallen sofort die zahlreichen Kirchen auf den alten „heiligen Hügeln" ins Auge. In kaum einer anderen Gegend Deutschlands ist die Dichte an Kirchengebäuden so hoch wie hier. Bis heute sind sie – im buchstäblichen und übertragenen Sinn – Orientierungspunkte, Wegweiser, Lebensbegleiter und Fingerzeige zum Himmel.

Für die Menschen vor Ort ist die Kirche im Dorf die zentrale Anlaufstelle in biographischen Übergangssituationen: Hier in den oftmals wunderbar restaurierten Kirchenräumen lässt man seine Kinder taufen, hier werden die Konfirmanden eingesegnet, vor dem heimischen Dorfaltar gibt man sich das Ja-Wort, und bei den Beerdigungen nimmt die Dorfgemeinschaft hier Abschied von Nachbarn, Freunden und Verwandten. Im Kreisgebiet sind überdurchschnittlich viele Menschen Kirchenmitglied (circa 75 Prozent). Die meist sehr alten und beeindruckenden Feldsteinkirchen vermitteln Kontinuität, Geborgenheit und Heimat inmitten einer Welt, die auch auf dem Lande von immer rasanteren Veränderungen geprägt ist.

Nicht nur der persönliche Lebensrhythmus, auch der jahreszeitliche Wechsel von „Saat und Ernte, Frost und Hitze, Sommer und Winter" (1. Mose 8,22) prägt das kirchliche Leben auf dem Lande. So ist in vielen Gemeinden auch unter den Produktionsbedingungen der modernen Landwirtschaft das klassische Erntedankfest ein zentrales Ereignis.

Die Dörfer haben Teil am allgemeinen Strukturwandel. Sowohl die Kirchen als auch die landwirtschaftlichen Betriebe sind dem Spannungsfeld von Ökologie und Ökonomie ausgesetzt. Sie ringen um ethisch verantwortbare und zugleich wirtschaftlich erfolgreiche Antworten auf die Herausforderungen des globalen Wettbewerbs.

Die Menschen in der Landwirtschaft haben kein idyllisches Leben. Die Kirchengemeinden vor Ort sehen ihre Rolle in der seelsorgerlichen Begleitung der bäuerlichen Familien. Zugleich hat die Kirche den Auftrag, für eine nachhaltige Bewirtschaftungsweise einzutreten, um auch dadurch für die zukünftigen Generationen Schöpfung bewahren zu helfen.

Die Landwirtschaft ist in vielen Dörfern ein Teil des Alltagslebens unter anderen geworden. Der Strukturwandel wirkt sich auf die Zusammensetzung der Bevölkerung aus: So wohnen hier neben den alteingesessenen Familien die Pendler, aus den

Stabilität in unruhigen Zeiten – das einladende Tor zu einer der alten Feldsteinkirchen aus dem 12. Jahrhundert

Kreis mit Lebensqualität

Städten zugezogen, die ihren Traum vom eigenen Haus im Grünen verwirklicht haben. Junge Familien schätzen den hohen Freizeitwert der Umgebung, und besonders Kinder genießen die Möglichkeiten, ihre Lebenswelt selbstständig zu entdecken. Etliche Menschen haben ihr Refugium auf dem Land gesucht und in Form von alten Katen oder ausgebauten Scheunen als Wochenenddomizil gefunden.

Künstler suchen in der Zurückgezogenheit Inspiration. Arztpraxen sind neben Musikinstrumentenbauern zu finden. Und Großhändler oder Versandfirmen entdecken im Zeitalter des Internet die Landregion für sich: Wenn die virtuelle Distanz die reale relativiert, werden vergleichsweise günstige Steuersätze wieder attraktiv.

So versammeln sich in den ländlichen Kirchengemeinden heute die unterschiedlichsten Menschen, und die Kirchen sind in vielfältiger Weise Orte der Begegnung von Tradition und Moderne. Weite Teile des Kreisgebiets gehören zu den wichtigsten und attraktivsten Ferienregionen Deutschlands. Die Urlauber suchen gerne die alten Kirchen auf für eine Zeit der Muße und Besinnung. Aus historischem und kunstgeschichtlichem Interesse – aber eben auch, um „die Seele baumeln zu lassen" oder ein vergessenes Stück Heimat oder Kindheit wieder zu finden. Viele Kirchen der Region sind deshalb ständig zur individuellen Einkehr geöffnet. Und die Kirchengemeinden laden die Feriengäste zu vielfältigen Gottesdiensten, Konzerten und Vorträgen, zu kirchenpädagogischen Aktivitäten oder seelsorgerlichen Gesprächen ein.

Die drei Kirchenkreise Schleswig, Angeln und Flensburg sind stolz auf ihr „dichtes Filialnetz" – die Kirchen, die als Kommunikationspunkte christliche Präsenz vor Ort sichtbar machen. Und gemeinsam mit den Gemeindemitgliedern sind sie zuversichtlich, dass auch in Zukunft „die Kirche im Dorf bleibt"…

Die Kirche in Esgrus: Die ländlichen Kirchengemeinden sind Anziehungspunkt für unterschiedlichste Menschen.

*Wir über uns: Kirche im Landkreis –
Bildung, Begegnung, Service*

Eltern und Kinder
beim gemeinsamen
Kindergottesdienst

„Lasst die Kinder zu mir kommen"

Die Kinder- und Jugendarbeit sowie die Begleitung von Familien in Bildung, Seelsorge und Beratung gehören zu den Schwerpunkten kirchlichen Engagements im Kreisgebiet Schleswig-Flensburg. Ob Kindergottesdienste, kirchliche Kindergärten, Krabbelgruppen, Spielkreise, Jugendgruppen, Ferienfreizeiten oder Konfirmandenunterricht, die unterschiedlichen Phasen der Kindheit und Jugend prägen die Entwicklung eines jeden Menschen.

Für die Kirche im Landkreis ist es selbstverständlich, dass zahlreiche Kindergärten bezüglich ihrer personellen und sachlichen Ausstattung in der Lage sind, auch Kinder mit Behinderungen oder besonderem Förderbedarf zu integrieren. Die Arbeit mit den Jugendlichen konzentriert sich stets auf den Einzelnen und auf das menschliche Zusammenleben in der Gemeinschaft.

Für die zukünftige Wertebildung in der Gesellschaft dürfte es nach Ansicht der Kirche entscheidend sein, ob Menschen mit Worten wie „Gnade", „Liebe", „Gerechtigkeit" oder „Barmherzigkeit" konkrete Inhalte für ihr persönliches Denken und Handeln verbinden. Die drei Kirchenkreise jedenfalls sehen eine ihrer Hauptaufgaben darin, jungen Menschen christliche Orientierungsangebote zu unterbreiten und mit ihnen christliche Lebenspraxis zu trainieren. Denn: Es sind junge Menschen, die in Zukunft die Gesellschaft mitgestalten und den Glauben, die humanen Werte an die nächsten Generationen weitergeben werden.

Handgefertigte Kreuze:
Konfirmanden zeigen
stolz ihre Arbeiten aus
Sterling-Silberplatten.

Kreis mit Lebensqualität

Anspruchsvolles und begeisterndes Musizieren in den Feldsteinkirchen

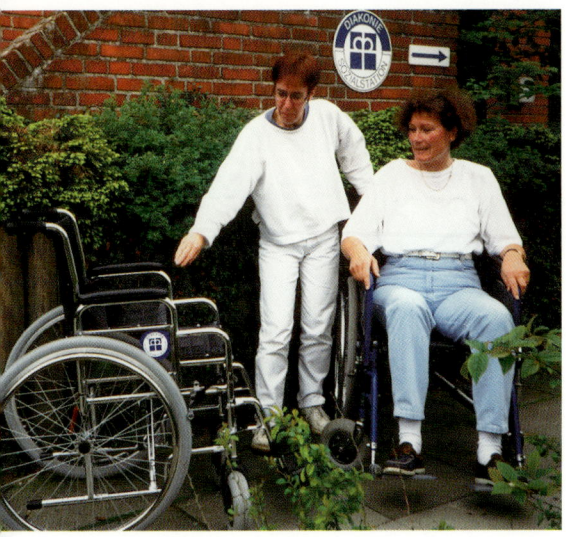

Hilfe und Begleitung: der Bereich Diakonie

„Wir singen dir mit Herz und Mund"

„Ein Bild sagt mehr als tausend Worte" – Ähnliches dürfte für die Musik gelten: Auch hier vermittelt sich den Zuhörenden und Musizierenden mehr als sich sagen lässt.

In vielen der alten Feldsteinkirchen wird mit Begeisterung musiziert, finden klassische Konzerte statt, treten Gospelchöre auf oder sind Posaunenklänge zu hören. Der Vielfalt sind keine Grenzen gesetzt.

Fast jede Gemeinde hat mindestens einen eigenen Kirchenchor, der im Rahmen von Gottesdiensten und eigenen Konzerten den Glauben auf klingende Weise zum Ausdruck bringt.

Eine besondere Attraktion auch für viele Gäste aus nah und fern sind die vielen Sommerkonzerte, zum Beispiel die Angeliter „R(h)apsodie" – eine Konzertreihe in verschiedenen historischen Kirchen zur Rapsblütenzeit. Besonders Touristen nutzen die Gelegenheit, Ausflug, Besichtigung und religiöses Erleben miteinander zu verbinden.

„In Würde alt werden"

Jeder Mensch hat Anspruch auf eine menschenwürdige Behandlung – und zwar gerade dann, wenn er krank und gebrechlich wird. Auch im Zeitalter von Pflegestufen und Zeiteinheiten wollen die Kirchen des Landkreises künftig dazu beitragen, den Anspruch auf einen menschenwürdigen Umgang seelsorgerisch einzulösen.

Die Menschen trauern der „Gemeindeschwester auf dem Fahrrad" nach, die aus dem Alltagsbild der Dörfer verschwunden ist. Jedoch sind heute viele Kirchengemeinden Gesellschafter von Diakoniestationen. Aus christlicher Überzeugung setzen sie sich ein für das Recht alter und pflegebedürftiger Menschen auf Aufmerksamkeit und unterstützen sie in ihrem Wunsch, den Lebensabend in den eigenen vier Wänden zu verbringen.

Auf einen Blick

Drei Kirchenkreise
- insgesamt rund 186 000 Kirchenmitglieder
- 57 Kirchengemeinden
- ca. 1500 haupt- und nebenamtliche Mitarbeiterinnen und Mitarbeiter
- 79 Pfarrstellen
- 50 Kindergärten
- 12 Diakonie- und Sozialstationen in kirchlicher Trägerschaft
- Jugendwerke, Frauenwerke

Amtshandlungen 2002:
1511 Taufen
1763 Konfirmationen
387 Kirchliche Trauungen
1829 Beerdigungen

■ Ev.-Luth. Kirchenkreis Flensburg

■ Ev.-Luth. Kirchenkreis Schleswig

■ Ev.-Luth. Kirchenkreis Angeln

Schleswig-Flensburg – Wirtschaftsstandort mit Perspektive

Walter Braasch

Experten streiten sich, ob die Kreisstadt Schleswig tatsächlich 1200 Jahre alt oder der vermeintliche Vorläufer – Haithabu – nicht doch eine eigenständige Siedlung gewesen ist. Eines steht jedoch fest: Haithabu war in der Wikingerzeit einer der bedeutendsten Siedlungs- und Wirtschaftsplätze Nordeuropas. Wo jetzt noch historische Ringwälle zu erkennen sind, liefen einst wichtige Fernhandelswege zusammen. Mitten im heutigen Kreis Schleswig-Flensburg lag also eines der wichtigsten Zentren des Nordens.

Auch heute laufen wichtige Verkehrsadern wie die Autobahn 7 und eine wichtige Nord-Süd-Verbindung der Bahn durch die Region. Außerdem ist der zunehmend bedeutender werdende Wirtschaftsraum Ostsee direkt vor der Haustür. Wenn man den Blick in die nahe Zukunft richtet, lassen sich daher für den Kreis als einer der Drehscheiben zwischen Skandinavien und dem Rest Europas viele Chancen erkennen.

Die großen Handelshäuser und so genannte Global Player findet man bisher kaum im Kreis, und moderne Produktionsstätten mit internationalen Verbindungen sind eher selten in der vorwiegend ländlich geprägten Region. Der Kreis Schleswig-Flensburg ist dennoch ein Wirtschaftsstandort mit Perspektive, wenn nur bestehende Profile stärker als bisher herausgearbeitet werden.

Welche Profile sind das? Eine sehr hohe Wohnqualität in hübschen, gewachsenen Dörfern und Städten, Kulisse für verschiedene Fernsehserien; ein einzigartiger Naturraum mit der ganzen Vielfalt von der Ostseeküste über Förde- und Geestlandschaften bis hin zur Eider-Treene-Sorge-Niederung; eine entwickelte touristische Infrastruktur mit vielen Rad- und Wanderwegen und von der Geschichte geradezu "durchtränkte" Böden, nicht nur in Haithabu, sondern entlang des gesamten Ochsenwegs mit seinen Attraktionen wie Nordeuropas ältesten Ziegelsteinen an der Waldemarsmauer oder dem Befestigungswall Danewerk. Der Kreis verfügt über 40 museale Einrichtungen wie den Schleswig-Holsteinischen Landesmuseen auf Schloss Gottorf. Besonders wichtig sind aber eine ausreichende Zahl an günstigen Industrie- und Gewerbeflächen, qualifizierte und motivierte Arbeitskräfte, ein niedriges Lohnkostenniveau, unternehmensfreundliche Gewerbesteuerhebesätze und die anfangs genannte gute Infrastruktur.

Die knapp 17 000 Unternehmen der Region erzielen eine Wertschöpfung von über 5,5 Mrd. Euro pro Jahr, davon 75 Prozent im Dienstleistungsbereich und 22 Prozent im produzierenden Gewerbe. Nach Angaben des Statistischen Landesamtes arbeiteten im Jahr 2001 von den 75 782 Erwerbstätigen im Kreisgebiet 6,8 Prozent in der Land- und Fortwirtschaft oder der Fischerei, 17,8 Prozent im produzierenden Gewerbe und 25,8 Prozent im Bereich Handel, Gastgewerbe und Verkehr. 49,6 Prozent der Erwerbstätigen gehören zum Sektor sonstige Dienstleistungen.

Allein 5000 Beschäftigte sind direkt vom Tourismus abhängig. Dieser Schlüsselbereich des Dienstleistungssektors erzielt seine Wertschöpfung in den Kernbereichen Beherbergung und Gaststättengewerbe. Zu den 320 gewerblichen Beherbergungsbetrieben mit über 11 000 Betten kommen rund 5000 private Betten in der Region. Jährlich werden rund eine Million Übernachtungen in den Beherbergungsstätten mit mehr als acht Betten im Kreis Schleswig-Flensburg erfasst. Die wirtschaftlichen Effekte des Tourismus gehen über die reine Beherbergung weit hinaus,

Fortsetzung Seite 74

Böklunder produziert seit siebzig Jahren erfolgreich die beliebten gleichnamigen Würstchen-Spezialitäten.

Auf einen Blick

Gründungsjahr: 1934

Mitarbeiter: rund 600

Leistungsspektrum: Fertigung von knackzarten Würstchen sowie Convenience-Produkten jeglicher Art, herzhaften Bratwürsten, pikanten Aufschnitt- und Teewurst-Artikeln

Service: Werksverkauf Mi–Fr 10–17 Uhr

Böklunder Plumrose GmbH & Co. KG
Böklund

Wir über uns:
Böklunder Plumrose GmbH & Co. KG

Böklunder – das Würstchen vom Lande, unter diesem Slogan kennen und lieben die Verbraucher knackige Würstchen sowie herzhafte Bratwürste. Sie kommen aus Böklund, hergestellt vom Traditionsunternehmen Böklunder, das bereits seit siebzig Jahren mit der Produktion von Würstchen-Spezialitäten erfolgreich ist.

Böklunder Produkte kommen vom Land, sind unverfälscht, ursprünglich und natürlich. Regelmäßig erhalten Böklunder-Würstchen höchste Auszeichnungen und Preise von der CMA, der DLG für langjährige hervorragende Produktqualität sowie von Ökotest: „Sehr gut" für die Echte Land-Bockwurst, die Geflügelwürstchen, die Rostbratwürstchen und die Pikante Rostbratwurst.

Böklunder arbeitet nach neuesten Technologien wie dem HACCP-System (höchstmögliche Kontroll- und Sicherheitsstandards werden garantiert vor, während und nach der Produktion). Die hohe Qualität der Böklunder-Produkte belegt auch das hervorragende Abschneiden bei den Auditierungen QS (Qualität und Sicherheit) sowie IFS (International Food Standards).

Hauptverwaltung der SAW in Schleswig

Wir über uns: Schlesiger Asphaltsplitt-Werke GmbH & Co. KG

Der Fürsens-Hof wurde vor 350 Jahren vom Lehrer der Töchter des Herzoges Friedrich III., Garleff Lüders, errichtet. Das prächtige Gebäude, als Adelssitz zusammenhängend mit der herzoglichen Residenz auf Schloss Gottorf, hat viele Besitzwechsel erfahren.

1704 trat Claus von Ahlefeld, „Herr auf Gelting und Mohrkirchen", als Eigentümer auf, ab 1773 stellt sich der zweite Name „Fürsens-Hof" ein – benannt nach dem Leibmedicus und Physicus Dr. Joachim Fürsen – um die zwei für die Geschichte des Hauses bedeutendsten Besitzer zu nennen.

Im Jahre 1968 übernahmen die Schleswiger Asphaltsplitt-Werke das in einem herrlichen Park gelegene Gebäude in der Gottorfstraße und arbeiten seitdem in dieser besonderen Atmosphäre.

Das Foto unten zeigt das 1995 in Betrieb genommene neue Asphaltmischwerk der SAW Schleswiger Asphaltsplitt-Werke GmbH & Co. KG in Jagel bei Schleswig.

Das moderne Werk entspricht dem neuesten Stand der Technik. Neben einer Einhausung der gesamten Anlage, die die Staub- und Lärmemissionen minimiert, sind erhebliche Mittel für den Umweltschutz investiert worden.

Von diesem Werk aus liefert die SAW Asphaltmischgut in die Kreise Schleswig-Flensburg, Nordfriesland, Dithmarschen und Rendsburg-Eckernförde.

SAW-Asphaltmischanlage Jagel

Auf einen Blick

Gründungsjahr: 1956

Mitarbeiter: rund 250

Leistungsspektrum und Produkte:
– Asphaltproduktion
– Asphalteinbau
– Straßen- und Tiefbau
– Betonspurbahnbau
– Garten- und Landschaftsbau
– Brückensanierung
– Rohrleitungs- und Anlagenbau

Standorte, Niederlassungen und Tochtergesellschaften:
– Schleswig/Jagel
– Kiel
– Krempel bei Heide
– Schwerin
– Neubukow
– Stralsund
– Greifswald

Beteiligungen:
– AMK Asphaltmischwerke Kiel
– ASA-Bau, Neubukow-Greifswald
– Hanse Asphalt, Wismar-Rostock
– SAM Stralsund Asphaltmischwerke
– GAM Greifswalder Asphaltmischwerke
– SAW Rohrleitungs- und Anlagenbau

■ SAW Schleswiger Asphaltsplitt-Werke GmbH & Co. KG Hauptverwaltung Schleswig

Kreis mit Zukunft

Wir über uns: Karl Jürgensen Spedition – Ihre gute Verbindung

Das Unternehmen setzt auf innovative Technik, um optimale Transportlösungen anzubieten. Der Bogen spannt sich vom örtlichen Fuhr- und Speditionsbetrieb der frühen 1930er Jahre über den 1952 auch in Hamburg niedergelassenen, regionalen Sammelgut-Linienspediteur bis zum heutigen modernen Speditionsunternehmen. Neben flächendeckenden Verkehren in ganz Deutschland bietet Karl Jürgensen eine europaweite Transportlogistik an. Das Unternehmen ist Ansprechpartner für speditionelle Dienstleistungen unterschiedlichster Art.

Auf einen Blick

Gründungsjahr: 1928

Mitarbeiter:
Stammhaus
Schleswig: 38
Niederlassung
Hamburg: 41

Leistungsspektrum:
– nationale und europaweite Teil- und Komplettladungsverkehre sowie temperaturgeführte Transporte mit modernsten Fahrzeugen
– Lagerung und Kommissionierung
– Import-/Export-Abfertigungen
– Logistik

■
Karl Jürgensen
Autofernverkehr und
Spedition KG
Schleswig

Gießen und Bearbeiten von Zylinderlaufbuchsen für Großdieselmotoren ist für die Söruper Spezialisten tägliche Arbeit.

Wir über uns: M. Jürgensen GmbH & Co KG

Das Werk der M. Jürgensen GmbH & Co KG hat seinen Sitz in Sörup, einem Ort mit rund 4500 Einwohnern, etwa 20 Kilometer südöstlich von Flensburg und der dänischen Grenze entfernt.

Seit mehr als einem halben Jahrhundert hat sich das Familienunternehmen auf Rohre und Buchsen aus Schleuderguss spezialisiert. Für Zylinderlaufbuchsen ist es seit vielen Jahren als Marktführer in Europa ein zuverlässiger und innovativer Partner führender Motoren- und Kompressorenhersteller.

Neben Zylinderlaufbuchsen für Diesel- und Gasmotoren werden Kompressorlaufbuchsen für Kolbenkompressoren, die in der chemischen und petrochemischen Industrie sowie im Schiffbau Anwendung finden, gefertigt. Außerdem umfasst das Lieferspektrum Zylinderlaufbuchsen für Applikationen im Allgemeinen Maschinenbau. Die überwiegende Zahl der Produkte wird im einbaufertigen Zustand oft auch direkt an die Montagelinien der Kunden im Just-in-time-Betrieb geliefert. Auf Wunsch des Kunden werden auch vorbearbeitete Halbrohlinge zur Weiterverarbeitung gefertigt.

Teile für Großdieselmotoren müssen höchsten Ansprüchen an Materialeigenschaften und -präzision genügen.

Kreis mit Zukunft

Fachkompetenz und moderne Produktionsmittel sichern die Qualität in allen Fertigungsschritten.

Jedes Produkt wird umfangreichen Prüfungen unterzogen. Ein entsprechendes Werkszeugnis nach EN 10204-3.1B dokumentiert u. a. die chemische Analyse der Produkte, die mechanischen und metallurgischen Eigenschaften sowie das Gefüge. Nach Kundenwunsch werden die Produkte mit Zertifikaten namhafter Klassifikationsgesellschaften wie GL, LRS, DNV, BV, NKK, ABS, CCS, RINA und MRS geliefert.

Als Motoreninstandsetzungswerk wurde das Unternehmen in den dreißiger Jahren des vergangen Jahrhunderts gegründet und spezialisierte sich Anfang der fünfziger Jahre auf Schleuderguss. Nach mehreren Erweiterungen bestehender Anlagen und Gebäude in den sechziger und siebziger Jahren wurde 1992 die neue Fertigungsstätte in Sörup mit einer Gesamtfläche von mehr als 30 000 Quadratmetern errichtet, die 2002 auf 50 000 Quadratmeter vergrößert wurde.

Mit derzeit rund 200 Mitarbeitern konnte sich das Unternehmen die Flexibilität erhalten, die erforderlich ist, um den wachsenden Anforderungen und speziellen Wünschen der internationalen Großmotorenhersteller in Bezug auf Qualität, Liefertermintreue und Produktausführung gerecht zu werden.

Mehr als 20 000 Zylinderlaufbuchsen, die in Schiffen, Stromerzeugungsanlagen oder Lokomotiven weltweit im Einsatz sind, produziert das Werk jährlich.

Auf einen Blick

Gründungsjahr: 1935

Mitarbeiter: rund 200

Umsatz: rund 20 Mill. Euro

Kapazität: Aus ca. 12 000 t Gussproduktion werden mehr als 20 000 Zylinderlaufbuchsen hergestellt.

Leistungsspektrum: Zylinderlaufbuchsen aus Schleuderguss für Großdieselmotoren

Absatzmärkte: weltweit

Vertrieb: Direktvertrieb vom Standort Sörup aus

Zertifizierungen:
DIN EN ISO 9001:2000
DIN EN ESO 14001:1996
LRQA

■

M. Jürgensen GmbH & Co KG
Sörup

Auf einen Blick

Gründungsjahr: 1905

Mitarbeiter: 30

Leistungsspektrum:
- Landtechnik
- Melktechnik (Fachzentrum für Westfalia Surge)
- Maschinenbau
- Zentralheizungsbau und Sanitär
- Gebrauchtmaschinenmarkt

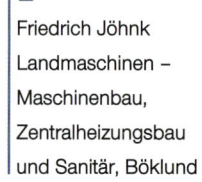

■

Friedrich Jöhnk Landmaschinen – Maschinenbau, Zentralheizungsbau und Sanitär, Böklund

Blick in die Werkstatt

Wir über uns: Friedrich Jöhnk

Den Beginn der Firma Friedrich Jöhnk markiert die Gründung 1905. Seitdem bilden der Verkauf und die Reparatur von Deutz-Fahr-Traktoren und Erntemaschinen den Schwerpunkt des Handwerksbetriebes. Durch die Übernahme der Werksvertretung für Massey Ferguson ist das Angebot um Mähdrescher, Teleskoplader, Pflüge, Rundballen- und Großpackenpressen gewachsen.

Als Westfalia-Fachzentrum bietet der Betrieb individuelle Lösungen im Kuhstall für die Melk-, Kühl- und Fütterungsanlagen. Im Bereich Maschinenbau hat man sich auf die Be- und Verarbeitung von Edelstählen spezialisiert. Stahlkonstruktionen sowie Treppen und Geländer nach Maß werden aber auch gefertigt.

Komplett betreut wird der Kunde auch im Bereich Heizung und Sanitär. Ob Heizungs-, Lüftungs- oder Sanitäranlagen, Jöhnk ist kompetenter Ansprechpartner.

---

und positive Effekte wirken sich vor allem auf Handel und Gastronomie aus.

Die industriellen Umbrüche sind in Schleswig-Holstein nicht in der starken Form spürbar gewesen wie etwa im Ruhrgebiet. Die größten Veränderungen hat das nördlichste Bundesland teilweise schon hinter sich, wie zum Beispiel die Werftenkrise der siebziger Jahre gezeigt hat. Trotzdem machen sich Änderungen in der Wirtschaftsstruktur immer noch bemerkbar. Spätestens mit Schließung der Zuckerfabrik in Schleswig Ende 2003 sind die Zeiten vorbei, in denen der Kreis der Schwerpunktstandort für die Ernährungswirtschaft gewesen ist – auch wenn es noch zahlreiche größere Betriebe gibt, wie zum Beispiel die Fleisch und Wurst verarbeitende Böklunder Plumrose GmbH & Co. KG des Unternehmers Peter zur Mühlen, das Kappelner Milchpulver-Werk Cremilk GmbH, die heute zur Bremer Könecke Gruppe gehörende Firma Redlefsen GmbH & Co. KG aus Satrup, die Nordmilch eG in Nordhackstedt sowie die Süßmosterei Steinmeier GmbH in Kaltoft bei Süderbrarup.

Die Produktpalette des produzierenden Gewerbes ist ebenso breit: Sie reicht von Klebebändern aus Harrislee, Brillengläsern aus Glücksburg, Zylinderlaufbuchsen und Sitzbezügen für Fluggesellschaften in der ganzen Welt aus Sörup bis zu Power Chips der Firma Danfoss Silicon Power GmbH aus Schleswig. Das Unternehmen, das elektronische Bauteile zum Beispiel für die Automobilindustrie entwickelt und produziert, ist nur ein Beispiel für eine deutsch-dänische Erfolgsstory. Es hat seit seiner Gründung 1998 ein stürmisches Wachstum vorgelegt. Inzwischen sind in dem deutsch-dänischen Unternehmen fast 100 Menschen beschäftigt.

Ein weiteres Beispiel für eine erfolgreiche Unternehmensentwicklung am Schleswig-Flensburger Wirtschaftsstandort ist das 1974 von Bonnik Hansen gegründete Import-Export-Großhandelsunternehmen TRIXIE Heimtierbedarf GmbH & Co. KG. Mit Produk-

Fortsetzung Seite 76

Der Sitz der Gesellschaft: statt Verwaltungshochhaus ein Zweckbau im norddeutschen Stil

Auf einen Blick
Gründungsjahr: 1788
Mitarbeiter: 30
Leistungsspektrum:
– Private Versicherungen
– Gewerbliche Versicherungen
– Agrarversicherungen
– Vorsorge
– Finanzierung
– Investment
– Schadenservice

Ostangler Versicherungen Kappeln

Wir über uns: Ostangler Versicherungen

Die Ostangler ist einer der ältesten Sachversicherer Deutschlands mit Sitz in Kappeln an der Schlei. Die Anfänge der Ostangler Versicherungen gehen auf das Jahr 1788 zurück. Damals wurde sie als Interessengemeinschaft für Hilfe in Notfällen in der Landschaft Angeln gegründet.

Heute können von der Gesellschaft alle Leistungen eines modernen Versicherungsunternehmens erwartet werden. Die fachliche und persönliche Beratung der Kunden ist hierbei oberste Maxime. Dafür sorgen hoch qualifizierte Mitarbeiter im Innen- und Außendienst. Durch individuelle Beratung werden maßgeschneiderte Versicherungen für den Kunden ermittelt. Die Unternehmensphilosophie geht sogar noch weiter: Mitdenken heißt die Devise. Das bedeutet nicht nur, sich in die definierten Probleme des Kunden hineinzuversetzen, sondern auch künftige Aufgaben zu erkennen und weitsichtigen Lösungen den Weg zu bereiten.

Alle Mitarbeiter werden laufend geschult und weitergebildet, damit sie sich auch künftig auf die individuellen Bedürfnisse der Kunden einstellen können. Der Kunde erhält alle Leistungen direkt und ohne Umwege.

Auf einen Blick

Gründungsjahr: 1871

Mitarbeiter: 10

Angebotsspektrum:
- Bürobedarf
- Buchservice
- Schreibwaren
- Büromaschinen
- Büromöbel
- Hobby- und Zeichenbedarf
- EDV-Zubehör
- Papeterie

◾ Ibbeken GmbH
Schleswig

Wir über uns: Ibbeken – Fachgeschäft für Bürobedarf – Papeterie, Buchhandlung

Am 1. März 1871 als Buchdruckerei und Verlag gegründet, wird die Firma Ibbeken noch heute im Familienbesitz gehalten. Die fünfte Generation führt ein Fachgeschäft für Bürobedarf, Büromöbel und Büromaschinen, Buchhandlung sowie Papeterie. Der heutige Standort hat historischen Boden, wurde doch hier 1844 durch M. F. Chemnitz das Schleswig-Holstein-Lied gedichtet.

ten für Haustiere wurden zunächst aus einem kleinen Laden in Flensburg vornehmlich Einzelhändler im norddeutschen Raum beliefert. Mittlerweile wird in den Lagern, im Außendienst und in den Büros mit einem Team von rund 170 Mitarbeitern daran gearbeitet, die 5000 Einzel- und Großhändler in Deutschland sowie weitere Kunden in 50 Ländern der ganzen Welt zu beliefern. Auf einer Grundfläche von 13 500 Quadratmetern wurde in Tarp ein Lager errichtet, etwa 12 500 Quadratmeter Erweiterungsflächen sind vorhanden. Damit sind die Weichen für eine weitere Expansion gestellt.

Ein wichtiger Wirtschaftsfaktor ist auch der Grenzhandel. Kunden aus Skandinavien werden von den in Deutschland günstigeren Waren wie Bier, Wein, Süßigkeiten, Spirituosen, Parfümerieartikel und Zigaretten angelockt. So haben sich hier verschiedene Einzelhandelsgeschäfte etabliert und ihr Sortiment auf diese Käuferschicht ausgerichtet. Im Jahr 2002 haben Kunden aus Dänemark etwa 795 Mill. Euro südlich der Grenze ausgegeben. Neben den Grenzmärkten profitieren natürlich auch die grenznahen Innenstädte und Einkaufszentren von dieser Kundschaft.

Durch die Blockbildung zwischen EWG und EFTA befand sich Deutschlands nördlichster Kreis für lange Zeit an einer Außengrenze. Doch schon damals war dies nicht nur von Nachteil, wurde auch der Kreis Schleswig-Flensburg als Standort für Unternehmen aus Dänemark interessanter, um ein Bein im Wirtschaftsraum der Europäischen Gemeinschaft zu haben. Die große Zeit vor allem für Flensburg und Harrislee endete aber nicht mit dem EG-Beitritt Dänemarks 1973. Der riesige Absatzmarkt Deutschland sowie die Nähe der Heimat und sicherlich nicht zuletzt die zahlreichen Einrichtungen der dänischen Minderheit veranlassten weitere Unternehmen zum Schritt über die Grenze.

Die Zukunft hält für den Kreis Schleswig-Flensburg ganz neue Perspektiven bereit, weil er nun nicht mehr am Rande der wichtigsten Wirtschaftsräume liegt. Ganz im Gegenteil: Er liegt zwischen den beiden

Fortsetzung Seite 82

Kreis mit Zukunft

Wir über uns: VAKU-Spezialitäten & Co. KG

Das Unternehmen wurde 1972 unter dem Namen VAKU-Hähnchen GmbH & Co. in Flensburg gegründet und war der erste deutsche Betrieb, der den Lebensmittelhandel mit vakuumverpackten Geflügelprodukten belieferte, die längerfristig ohne Kühlung haltbar sind. Drei Jahre später zog das Unternehmen nach Steinbergkirche und firmiert seit 1995 unter dem heutigen Namen.

Neben der traditionellen Classic-Line bietet VAKU seinen Kunden seit Ende der neunziger Jahre außerdem die Produktlinien International-Line und Menü-Line mit einer Mindesthaltbarkeit von zehn Monaten an.

Heute produzieren rund 50 Mitarbeiter im EG-zugelassenen Betrieb qualitativ hochwertige Geflügel- und Fleischprodukte für den deutschen und den internationalen Markt.

Auf einen Blick

Gründungsjahr: 1972

Mitarbeiter: ca. 50

Produktspektrum:
– Classic-Line (leckere Fleischspezialitäten, fertig zubereitet, warm und kalt zu genießen)
– International-Line (internationale Gerichte mit mehreren Komponenten)
– Menü-Line (herzhafte Fleischspezialitäten und schmackhaftes Gemüse)

Sämtliche Artikel sind ohne Kühlung 10 Monate haltbar.

■

VAKU-Spezialitäten
& Co. KG
Steinbergkirche

Blick auf das Gelände
des Unternehmens

Auf einen Blick

Gründungsjahr: 1896

Mitarbeiter:
4, davon ein Auszubildender

Fuhrpark:
3 Lkws
5 Ausschankwagen
2 Kühlwagen

Leistungsspektrum:
– komplettes Sortiment an alkoholischen und alkoholfreien Getränken
– Weinsortiment

Service:
– Vermietung von Gläsern, Ausschankwagen, Geschirr, Zapfanlagen, Tischen, Bänken
– Vermittlung von Personal für Privatfeste
– Kohlensäurestation

■
Christophersen
Getränke GmbH
Niesgrau

Wir über uns: Christophersen Getränke GmbH

Die 1896 als Bierverlag Emken gegründete Christophersen Getränke GmbH ist der älteste Getränkefachgroßhandel Angelns. 1973 kaufte Georg Christophersen den Bierverlag.

Seit 1991 liegen die Geschicke in den Händen von Sohn Hartmut Christophersen, der 1997 den Getränkefachgroßhandel Andersen in Husby hinzukaufte. 1998 wurde das alte Wohnhaus mit Getränkemarkt durch ein neues Gebäude (Wohnhaus und Getränkemarkt) ersetzt.

Auf rund 300 Quadratmetern Fläche bietet der Getränkeabholmarkt, der der Drinks-Kette angeschlossen ist, eine komplette Auswahl an alkoholischen und alkoholfreien Getränken sowie ein umfassendes Weinsortiment.

Zu den Kunden des Getränkefachgroßhandels gehören u. a. Gaststätten, Krankenhäuser, Tankstellen. Das zusätzliche Serviceangebot umfasst die Vermietung von Gläsern, Geschirr, Tischen, Bänken, Ausschankwagen, Zapfanlagen sowie die Vermittlung von Personal für Privatfeste.

Kreis mit Zukunft

Regelmäßige Analysen im Labor garantieren, dass nur erstklassige Produkte das Werk verlassen.

Wir über uns: CREMILK GmbH

Die Geschichte geht auf das Jahr 1918 zurück, damals gründeten Molkereigenossenschaften den Betrieb als Milchtrocknungswerk.

Bereits vor mehr als 50 Jahren hat sich das Traditionswerk auf Sprühtrocknung hochwertiger Lebensmittel spezialisiert und zählt heute zu den bedeutendsten Betrieben der Milch- und Nahrungsmittelindustrie im nördlichen Schleswig-Holstein.

1942 kaufte der NESTLÉ-Konzern das Werk und ließ in Kappeln Säuglingsmilchnahrung produzieren. Kurz darauf startete die erste Produktion von Instant-Kaffee in Deutschland, dem auch heute noch unter diesem Namen bekannten Nescafé – natürlich in Kappeln.

In den neunziger Jahren hat die Nestlé-Alete GmbH den größten Teil der Säuglingsmilchnahrung für den deutschen Markt in Kappeln herstellen lassen.

1999 verband sich die im Werk gewachsene Milchverarbeitungs-Kompetenz mit der Kaffee-Kompetenz der in Hamburg ansässigen KORD-Holding. Das Werk wurde in CREMILK GmbH umbenannt und in die KORD-Firmengruppe integriert. Seitdem liefert das Werk als Co-Packer Fertigwaren und deren Vorstufen an NESTLÉ, KORD und weitere Industriekunden.

Daneben wurde die Entwicklung und Vermarktung eigener Produkte aus dem Instant- und Conveniencebereich aufgenommen. Für die erste Heißgetränke-Range unter der Marke SUPERA kreierten die Produktentwickler neue, verbesserte Rezepturen für bereits vom Verbraucher akzeptierte Cappuccinovarianten. Natürlich darf auch der beliebte warme Tassenpudding im Sortiment nicht fehlen.

Typisch für CREMILK-Produkte ist, dass die Milch bereits im Pulver enthalten ist und nur noch Wasser hinzugefügt werden muss. Dabei bietet das Unternehmen Rezepturen für beide Varianten – für kalte und warme Zubereitung.

Eine große Herausforderung liegt in der excellenten Löslichkeit, die man erzielen muss, wenn die Produkte auch kalt funktionieren sollen – für die Sprühexperten aufgrund ihrer langjähriger Erfahrung eine lösbare Aufgabe.

Auf einen Blick

Gründungsjahr:
1918 durch Molkereigenossenschaften als Milchtrocknungswerk

Mitarbeiter: rund 200

Umsatz:
ca. 50 Mill. Euro (Inland)
ca. 10 Mill. Euro (Ausland)

Leistungsspektrum:
Herstellung von
– Instantprodukten
– löslichen Getränken
– diätetischen Produkten
– Cappuccino
– Creamern und
– Halbfabrikaten für Industrie und Handel

Auftragsfertigung für Industriekunden

Entwicklung und Vermarktung eigener Produkte

Co-Packing

Produktionsmenge:
ca. 20 000 t pro Jahr

Produktionsfläche:
42 000 m^2

Zertifizierungen:
DIN EN ISO 9001
DIN EN ISO 14001
DQS, HACCP-Konzept
IFS

■
CREMILK GmbH
Kappeln

Wir über uns: die Verkehrsbetriebe des Kreises Schleswig-Flensburg

Im Jahr 1901 kaufte der Kreis Schleswig die 1883 in Betrieb genommene „Schleswiger-Angler-Eisenbahn". Damit war der Grundstein für die heutigen Verkehrsbetriebe gelegt, auch wenn der Schienenverkehr 1965 endgültig eingestellt wurde.

Heute wird der öffentliche Personennahverkehr von den Verkehrsbetrieben des Kreises Schleswig-Flensburg zusammen mit ihren regionalen Partnern per Omnibus geregelt. Aufgrund der veralteten Gebäude, die den neuen Anforderungen nicht standhalten konnten, wurde die technische Abteilung auf ein neues 28 174 Quadratmeter großes Grundstück im Gewerbegebiet St. Jürgen verlegt. 1997 zog auch die Verwaltung nach. Inzwischen ist der eigene Betriebshof mit einer Verwaltung, einer Werkstatt, einem Servicebereich, einer werkseigenen Tankstelle sowie Unterstellungsmöglichkeiten für die Busse gut ausgestattet.

Zum 1. Januar 2001 wurde zwischen den Verkehrsbetrieben des Kreises Schleswig-Flensburg und der Schleswiger Kommunalbetriebe GmbH ein Kooperationsvertrag geschlossen, um den Schleswiger Stadtverkehr optimal durchführen zu können.

Zu den Partnerunternehmen der Verkehrsbetriebe in der Verkehrs- und Tarifgemeinschaft Schleswig-Flensburg (VGSF) gehören die
– Autokraft GmbH, Kiel, Betriebshof Flensburg
– fördeBus GmbH & Co. KG, Flensburg
– Omnibusunternehmen Gorzelniaski GmbH, Flensburg

Auf dem Betriebshof in St. Jürgen befindet sich auch eine Werkstatt, in der der gesamte Fuhrpark der Verkehrsbetriebe sowie die Katastrophenschutz- und Rettungswagen gewartet werden.

- Omnibusbetrieb Hansen-Borg GmbH & Co. KG, Handewitt
- Schleswiger Kommunalbetriebe GmbH und
- Wriedt-Reisen Nahverkehr GmbH & Co KG, Schleswig.

Zu den insgesamt 92 Mitarbeitern der Kreisverkehrsbetriebe gehören auch die Mitarbeiter der Mobilitätszentrale am ZOB, in der alle Auskünfte über Busverbindungen und Abfahrtszeiten zu bekommen sind.

In dem 1996 aufgestockten Verwaltungstrakt befindet sich neben den allgemeinen Verwaltungsabteilungen wie Buchhaltung, Personal- und Liegenschaftsabteilung auch das Verkehrsbüro. Hier wird u. a. die Beförderung von 5000 Schülern im Einzugsgebiet der Verkehrsbetriebe organisiert. Ferner regelt das Verkehrsbüro für den gesamten Kreis Schleswig-Flensburg und seit August 2003 auch für die Stadt Schleswig die Beförderung von behinderten Kindern. Durch den Einsatz von Subunternehmern wird jedes der ca. 380 Kinder vor der Haustür abgeholt und zur Schule gefahren. In regelmäßigen Abständen werden Fahrerschulungen durchgeführt, damit die Fahrer in Notfällen richtig handeln. Dies macht die Verkehrsbetriebe zum bundesweiten Vorzeigebetrieb.

Zu den Aufgaben der Verkehrsbetriebe des Kreises Schleswig-Flensburg gehört nicht nur die Beförderung von Personen im Linien- und Gelegenheitsverkehr, sondern auch die Erfüllung der Aufgaben als Eisenbahninfrastrukturunternehmen, wie zum Beispiel die Wartung der Gleise auf der Strecke Süderbrarup–Kappeln und die Bewirtschaftung des Kreishafens Langballigau.

Auf einen Blick

Gründungsjahr: 1901

Mitarbeiter:
Insgesamt 92, davon werden 16 in der Verwaltung, 19 in der Fahrzeug- und Anlagenunterhaltung, 46 im Fahrdienst und 8 Auszubildende sowie 3 Aushilfen beschäftigt.

Leistungsspektrum:
– Beförderung von Personen im Linien- und Gelegenheitsverkehr
– Schülerbeförderung
– Organisation der Behindertenbeförderung im Kreis Schleswig-Flensburg und der Stadt Schleswig
– Wartung und Instandhaltung der eigenen Omnibusse sowie der Katastrophen- und Rettungsfahrzeuge
– Eisenbahninfrastruktur Strecke Süderbrarup–Kappeln

Übersicht 2002:
Verkehrsgebiet: 2071 km²
Bediente Einwohner: 109 398
Anzahl der Linien Kreisgebiet: 25
Anzahl der Linien Stadtgebiet: 6
Linienlängen Kreisgebiet: 672 km
Linienlängen Stadtgebiet: 58 km

■
Verkehrsbetriebe Kreis Schleswig-Flensburg, Schleswig

Auf einen Blick

Gründungsjahr: 1946

Mitarbeiter: 23

Fahrzeuge:
20 Omnibusse

Leistungsspektrum:
- Linienverkehr
- Schülerverkehr
- Reisedienst

Fahrgäste:
mehr als eine Million

Betriebsleistung:
600 000 km

■
Omnibusbetrieb
Hansen-Borg
GmbH & Co. KG
Handewitt

Die Fahrzeugflotte des Traditionsbetriebes

Wir über uns:
Omnibusbetrieb Hansen-Borg GmbH & Co. KG

Die Anfänge der Omnibusbetrieb Hansen-Borg GmbH & Co. KG markieren die Gründung der Kruse GmbH & Co. KG durch Adolf Kruse 1946 und die Selbstständigkeit von Unternehmer Alfried Hansen Borg 1955. Mit der Schülerbeförderung gelang in den sechziger Jahren der Durchbruch.

Nach dem Tode von Adolf Kruse 1972 kaufte Alfried Hansen-Borg den Omnibusbetrieb und führte die beiden Betriebe viele Jahre parallel. Dies war der Einstieg in den konzessionierten Bereich im ÖPNV.

Seit der Zusammenlegung der Unternehmen Kruse GmbH & Co. KG und der Einzelfirma Alfried Hansen-Borg wird unter einer Flagge firmiert. Heute befördern die modernen Omnibusse im Jahr mehr als eine Million Fahrgäste und legen dabei 600 000 Kilometer zurück.

großen Metropolregionen Hamburg und Kopenhagen. Mit der EU-Osterweiterung rückt der Kreis zudem weiter ins Zentrum Europas. Hier gilt es nun, anstehende Veränderungen zu nutzen, damit Unternehmen die Vorteile dieses starken Standorts noch mehr als bisher erkennen. Zurzeit ist der Kreis noch Transitland. Hier bedarf es einer Brechung der Wertschöpfungskette, um an den Potenzialen zu partizipieren.

Seit der Öffnung der Große Belt Querung sind viele Verkehre zwischen Skandinavien und Europa von der Vogelfluglinie auf die Jütlandroute umgeleitet worden. Verschiedene Untersuchungen gehen hier von einer Steigerung der Warenverkehre um 40 bis 50 Prozent aus. Der Wettbewerb verschiedener Verkehrswege im Ostseeraum wird zunehmen. Der Wirtschaft stehen schon jetzt neben der Jütlandroute auch die Schnellfährlinien über Mecklenburg-Vorpommern, die Vogelfluglinie und die Baltische Magistrale über Polen zur Verfügung. Für den Kreis wird es daher wichtig sein, für eine leistungsfähige Jütlandroute auf Schiene und Straße zu kämpfen. Zu den Zielen gehört auch die Einrichtung einer Elbquerung westlich von Hamburg, damit das Nadelöhr der Hansestadt umfahren werden kann.

Die europäische Entwicklung zeigt, dass der Blick über den Tellerrand lohnend wird. Kreisübergreifend – in Kooperation mit den Nachbarkreisen und auch mit dem dänischen Amt Sønderjylland – müssen gemeinsame standortpolitische Konzepte entwickelt werden, um neue Unternehmer und Investoren auf die zahlreich vorhandenen und günstigen Gewerbeflächen zu locken.

Auch in der Tourismusbranche darf nicht jeder sein eigenes Süppchen kochen. Landesweit muss die touristische Infrastruktur weiter modernisiert und ausgebaut sowie zielgruppenorientiert vermarktet werden. Die Industrie- und Handelskammer zu Flensburg wird auch in Zukunft daran mitwirken, dass die Region an wirtschaftlichem Profil gewinnt, damit Chancen im Standortwettbewerb genutzt werden und der Kreis Schleswig-Flensburg ein Wirtschaftsstandort mit Perspektive bleibt.

■

Aktive Wirtschaftsförderung führt zum Erfolg

Dr. Klaus Matthiesen

Die Region Flensburg/Schleswig ist zwar flächenmäßig eine der größten Regionen in Schleswig-Holstein, aber einer der strukturschwächeren Standorte in Norddeutschland. Bei näherem Hinsehen offenbaren sich jedoch sehr differenzierte Wirtschaftswerte. So ist Flensburg einerseits der exportstärkste Produktionsstandort in Schleswig-Holstein, andererseits der Standort mit hoher Arbeitslosenquote. Im Kreisgebiet beherrscht ein leistungsstarkes Ernährungsgewerbe mit 75 Prozent Umsatzanteil den Produktionsbereich, andererseits gehen Arbeitsplätze in der Landwirtschaft und in einigen Dienstleistungsbereichen verloren. Die Wirtschaft befindet sich mitten in einem starken Strukturwandel.

Die Region ist durch ihre Lage an der deutsch-dänischen Grenze interessant für Produzenten und den Einzelhandel; ihre Standortferne zu den Absatz- und Beschaffungsmärkten birgt andererseits erhebliche Kostennachteile in sich. Seit vielen Jahren versuchen Kommunen, die Landesregierung und der Bund durch gezielte Förderprogramme den Ausbau der Infrastruktur und eine aktive Wirtschaftsförderung für die Region zu entwickeln und voranzubringen.

1996 wurde aufgrund der Initiative der Stadt Flensburg, des Kreises Schleswig-Flensburg, des Gemeindetages und der beiden Sparkassenorganisationen die Wirtschaftsförderung komplett aus den Rathäusern in eine GmbH übertragen. Der Vorteil dieser Gesellschaft ist ihre starke Verwurzelung in den Gemeinden, da alle 136 Gemeinden im Kreis und die Stadt Flensburg als Gesellschafter beigetreten sind. Andererseits kann sie frei vom „Kirchturmdenken" arbeiten, ihre beiden Geschäftsstellen sind im Kreishaus in Schleswig und im Technologiezentrum in Flensburg untergebracht. Die Gesellschafter trugen mit dieser auf die Region abgestimmten Lösung der Tatsache Rechnung, dass die Regionalentwicklung einen immer höheren Stellenwert einnimmt und die Förderung der Region zunehmend durch die EU erfolgt, die entsprechende Organisationseinheiten voraussetzt.

So arbeitet denn die WiREG in drei Aufgabengebieten vom Allgemeinen zum Speziellen. Zunächst werden in der Regionalentwicklung Projekte vorbereitet, die insbesondere die gewerbliche Infrastruktur in der Region verbessern. In der Wirtschaftsförderung werden rund 600 Unternehmen jedes Jahr betreut in Fragen der Ansiedlung, Betriebserweiterung, Einbeziehung von Förderhilfen und Finanzierungen sowie in allen Fragen der Unternehmensentwicklung. Die Innovationsförderung schließlich betreut Unternehmen konkret im Technologiezentrum Flensburg, im DLZ Eggebek sowie im praktischen Technologietransfer zwischen Unternehmen und Hochschulen.

Die Regionalentwicklung stützt sich im Wesentlichen auf das Regionalprogramm 2000, das mit den Vorgängerprogrammen seit 1990 erhebliche Mittel von der Europäischen Union sowie von Bund und Land in den Ausbau der gewerblichen Infrastruktur in die Region lenkt. Eine Geschäftsstelle bei der WiREG hat bis zum Jahr 2003 über 122 Mill. Euro an Fördergeldern in 216 Projekte in 46 Gemeinden gelenkt.

Schwerpunkte der Entwicklung waren der Ausbau von über 40 Gewerbegebieten,

---

Auf einen Blick

Regionalentwicklung, Wirtschafts- und Innovationsförderung für Flensburg/Schleswig sind die drei Aufgaben der WiREG, die im Jahre 1996 zu diesem Zweck von der Stadt Flensburg, dem Gemeindetag und den beiden Sparkassenorganisationen gegründet wurde.

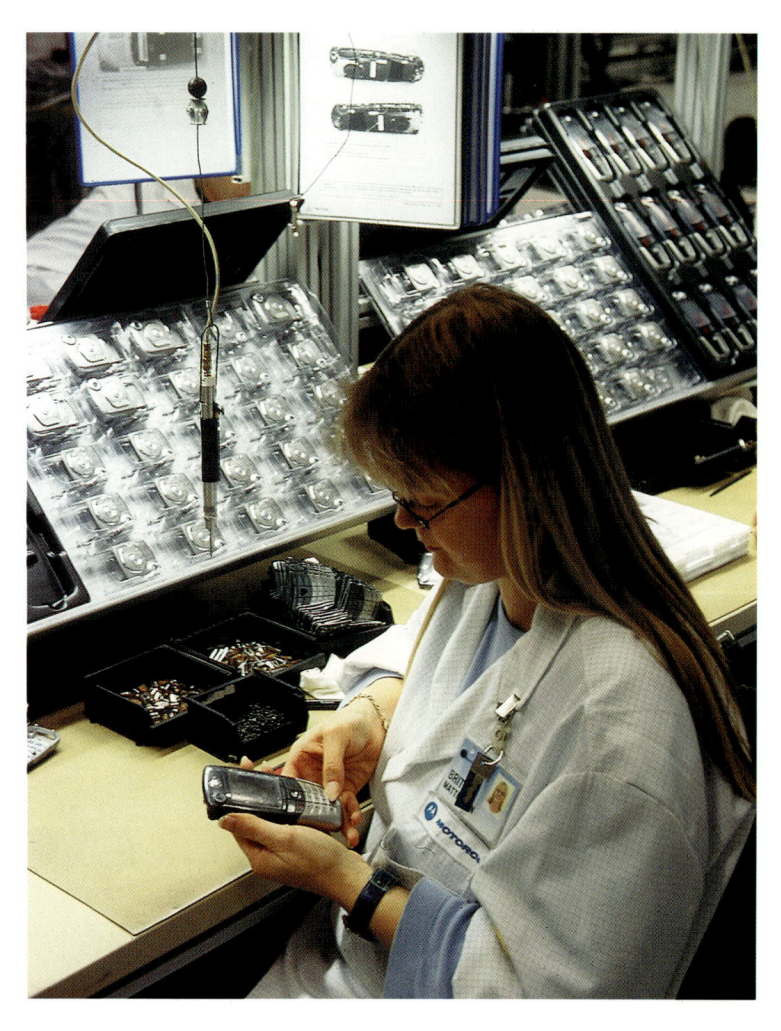

Mobiltelefonfertigung
„Made in Flensburg"
im modernen Werk
Deutschland

Auf einen Blick

Gründungsjahr:
1928 in den USA

Mitarbeiter:
rund 1200

Leistungsspektrum:
– UMTS-Produktion
– Distribution
– Servicecenter

Sozialleistungen:
– Fitness-Studio
– Kindergarten
– Außensportplatz

Partner:
visit.M

■
Motorola GmbH
Flensburg

Wir über uns: Motorola GmbH

Die Produktionsstätte der Motorola GmbH in Flensburg gehört zu den modernsten Werken in Europa. Es werden UMTS-Mobiltelefone für den Weltmarkt hergestellt, eine Aufgabe, die sich das Werk mit anderen Produktionsstandorten des Konzerns in den USA und Asien teilt. Es handelt sich hierbei um die größte Niederlassung der Motorola GmbH in Deutschland. Vor Ort befindet sich auch die europäische Servicezentrale.

Mit der Öffnung der D1- und D2-Netze durch die Deutsche Telekom und Mannesmann 1992 ist Motorola mit seinen Mobiltelefonen „Made in Flensburg" am Markt präsent und hat sehr schnell große Marktanteile erworben. Hohe Zuverlässigkeit, modernes Design und anwenderfreundliche Bedienung zeichnen Motorolas Produkte aus.

UMTS-Herstellung
für den Weltmarkt

die Schaffung neuer und die Attraktivitätsverbesserung vorhandener touristischer Infrastruktureinrichtungen, insbesondere zur Förderung des Kultur-Tourismus, die Modernisierung von Weiterbildungseinrichtungen, der Ausbau der Universität Flensburg sowie Maßnahmen zum Schutz der Umwelt. Herausragendes Projekt der letzten Jahre war der Bau einer Multifunktionshalle auf dem Campus in Flensburg, in der neben den Handballspielen des deutschen Pokalsiegers und Meisters SG Flensburg-Handewitt auch Messen, Ausstellungen und Konzerte mit überregionaler Ausstrahlung und Bedeutung stattfinden.

Die Wirtschaftsförderung trifft auf eine durchwachsene gewerbliche Struktur. Wegen der Lage der Region an der deutsch-dänischen Grenze hat die Europäische Union seit ihrem Bestehen starken Einfluss auf die kommunale Wirtschaftspolitik und unternehmerische Entscheidungen gehabt. So gehört ein intensiver Grenzhandel zu den hiesigen Besonderheiten. Jährlich werden von Dänen rund 800 Mill. Euro Einkaufsvolumen südlich der Grenze umgesetzt, der Umsatzanteil im gesamten Einzelhandel dürfte bei nahezu 15 Prozent liegen. Daneben profitieren natürlich auch die Innenstädte und Einkaufszentren von dieser grenznahen Handelsvariante.

Die abwechslungsreichen Freizeitmöglichkeiten locken alljährlich viele Urlauber in den Kreis. Die Tourismuswirtschaft beschäftigt in den Bereichen Handel, Gastgewerbe und Verkehr rund 16 000 Erwerbstätige im Kreisgebiet. Bedeutsame Investitionen, wie beispielsweise überregionale Hotelangebote im Wellness-Bereich, sind getätigt worden. Zurzeit wird an einem großen Erlebnisbad für die ganze Region gearbeitet, das in Glücksburg entstehen soll.

Bei der An- und Umsiedlung von Betrieben sieht sich die WiREG als enger Partner der Unternehmen. Wenn es um günstige Grundstücke sowie Beratung und Vermittlungsleistung hinsichtlich Standortwahl, Finanzierung, Fördermöglichkeiten und anderer wirtschaftsrelevanter Fragestellungen geht, ist sie der erste Ansprechpartner. In den letzten Jahren hat sich die Palette der Wirtschaftsförderungsaktivitäten durch die Beratung von Existenzgründern erweitert. In Kombination mit Existenzgründertagen, Messen, Seminaren und Einzelberatungen vor Ort werden so auch in kleineren Gemeinden neue Unternehmen an den Markt herangeführt.

Dies geschieht auch im Technologiezentrum in Flensburg, wo seit 1987 innovative Unternehmen aufgenommen und betreut werden, wachsen und gedeihen und schließlich wieder in die Region umgesetzt werden. Auf diese Art und Weise sind über 350 Arbeitsplätze entstanden in vielen kleinen, zukunftsweisenden Unternehmen in der Region.

Aktive Wirtschaftsförderung lohnt sich. So hat die WiREG seit 1996 über 500 Unternehmen bei der Umsetzung ihrer Ziele geholfen, die rund 5500 zusätzliche Arbeitsplätze geschaffen und Investitionen von etwa 225 Mill. Euro ausgelöst haben. Dies ist ein schöner Erfolg, der die Entscheidung der Gesellschafter von 1996 nachdrücklich belegt. ■

Wettbewerbsfähige Landwirtschaft

Rudolf Witt

Die Landwirtschaft des Kreises Schleswig-Flensburg wird durch seine typischen Landschaftsteile bestimmt: die Niederung der Flüsse Eider, Treene und Sorge (die so genannte ETS-Region), die sandigen Geestrücken und das östliche Hügelland (Angeln). Im Westen dominieren Futterbau und Milchviehhaltung und im Osten der Getreide-, Raps- und Zuckerrübenanbau mit Schweinehaltung.

Das Angler Rind und das Angler Sattelschwein haben ein Stück Tierzuchtgeschichte weit über die Grenzen Schleswig-Holsteins hinaus mitgeschrieben. Auch die Pflanzenzucht ist in unserer Region mit aktuellen Neuzüchtungen präsent. Zu einer Hochburg der Schwarzbuntzucht hat sich besonders der westliche Kreisteil entwickelt. Moderne Marktfruchtbetriebe – auch in der Kombination mit den Betriebszweigen Ferkelaufzucht und Schweinemast – verzeichnen im östlichen Teil des Kreises eine rasante Aufwärtsentwicklung.

Naturschutzflächen und weitere Flächen, die vornehmlich Umweltbelangen dienen, sind besonders im südlichen Kreisgebiet vorhanden. Energiegewinnung über Windkraft und Biomassenutzung werden vielfach erfolgreich umgesetzt. Auch zur Reetnutzung auf landwirtschaftlichen Flächen laufen Versuchsvorhaben.

Agrarwirtschaft mit starkem Entwicklungspotenzial

Mit etwa 148 000 Hektar verfügt der Kreis Schleswig-Flensburg über die größte landwirtschaftlich genutzte Fläche in Schleswig-Holstein. Sie wird von über 2600 Unternehmen bewirtschaftet. Der Schwerpunkt der Betriebe liegt in der Größenordnung von 50 bis 75 Hektar. Den größten Flächenanteil von 60 000 Hektar bewirtschaften allerdings die Betriebe ab 100 Hektar. 5,1 Prozent aller Erwerbstätigen sind im Bereich Land- und Forstwirtschaft/Fischerei beschäftigt. Zu 5,3 Prozent sind sie damit an der Bruttowertschöpfung beteiligt. Damit erbringt ein landwirtschaftlicher Arbeitsplatz einen ähnlichen Beitrag zur volkswirtschaftlichen Gesamtrechnung wie ein Arbeitsplatz in den anderen Wirtschaftsbereichen.

Rund 16 000 Hektar Winterweizen, 10 000 Hektar Wintergerste, 6000 Hektar Roggen, 17 000 Hektar Silomais und knapp 2000 Hektar Zuckerrüben werden angebaut und erzielen im landes- und europaweiten Vergleich Spitzenerträge. 251 000 Rinder (davon 67 000 Milchkühe), 311 000 Schweine, 65 000 Hühner, 19 000 Schafe und 4900 Pferde zählt man in der Tierhaltung. Die meisten Beschäftigten (1750 Personen) sind dabei in der Rinderhaltung tätig, gefolgt von der Pferdehaltung mit 727 Personen.

Die Wachstumsschwelle der landwirtschaftlichen Betriebe beginnt bei der Größenordnung von 75 bis 100 Hektar. Zunehmend setzen sie für einzelne Arbeiten Lohnunternehmen und Maschinenringe ein und bewältigen so den laufenden Strukturwandel.

Ernährungswirtschaft im Umbruch

Die landwirtschaftlichen Unternehmen wachsen zurzeit sehr stark und kooperieren immer mehr mit der Ernährungswirtschaft. Da besonders in letzter Zeit eine Reihe von Unternehmen des verarbeitenden Gewerbes abwanderten bzw. ihre Firmensitze verlegten, hat das die Region viel Wirtschaftskraft

Kreis mit Zukunft

gekostet und sie zunehmend in die Rolle des Rohstofferzeugers gedrängt. Darüber hinaus müssen längere Transportwege in Kauf genommen werden. Zusammen mit dem vor- und nachgelagerten Handwerk und Gewerbe, den Veredelungsbetrieben sowie der Politik muss versucht werden, diese Entwicklung zu verlangsamen, um die Wirtschaftskraft und besonders die Arbeitsplätze in der Region zu erhalten.

Modernes Dienstleistungsangebot für den ländlichen Raum

An Wissen und Können der in der Landwirtschaft Tätigen werden laufend höhere Anforderungen gestellt. Zur Umsetzung der neuesten wissenschaftlichen Erkenntnisse und der politisch veränderten Rahmenbedingungen – bis hin zum Tier- und Umweltschutz – in allen Produktionsbereichen ist

Fortsetzung Seite 91

Ernteeinsatz beim Leuchtturm von Falshöft

Von Landwirten für Landwirte: Die Hofkontor AG findet individuelle Lösungen.

Wir über uns:
Hofkontor AG – Ihre Zukunft in der Landwirtschaft

Die Landwirte in Deutschland stehen vor immer größeren Herausforderungen. Durch den verstärkten Strukturwandel weichen circa 3,2 Prozent aller landwirtschaftlichen Betriebe in Deutschland pro Jahr vom Markt. Die Gründe hierfür sind u. a. sinkende Einkommen durch Kürzungen der staatlichen Beihilfen, politische Auflagen, verbunden mit steigendem bürokratischem Aufwand und neuen Kreditrichtlinien (Basel II) sowie der Unsicherheit über die fehlende Hofnachfolge.

Speziell auf diese Problematik hat sich die Hofkontor AG spezialisiert. Sie ist ein innovatives Beratungs- und Dienstleistungsunternehmen mit den Geschäftsfeldern Farmmanagement, Finanzservice, Unternehmensberatung, das Landwirten von heute professionelle Beratung und ganzheitliche Betreuung bietet. So entwickelt das Unternehmen als kompetenter Dienstleister sowohl landwirtschaftlich als auch betriebswirtschaftlich innovative Lösungen für die Zukunft. Von Landwirten für Landwirte.

Auf einen Blick

Gründungsjahr:
Herbst 2002

Niederlassung Österreich:
Frühjahr 2003

Mitarbeiter: 13

Leistungsspektrum:
- Farmmanagement (Farmmanager, Landgeber)
- Unternehmensberatung
- Finanzservice (Finanzierung, Versicherung, Altersvorsorge, Geldanlage, Berufsunfähigkeit)
- Investor Relations

Hofkontor AG, Eggebek

Kreis mit Zukunft

Auf einen Blick
Gründungsjahr: 1992
Mitarbeiter: rund 130
Leistungsspektrum: – Landwirtschaft – Zuchtviehvermarktung – Besamung – Rinderzucht (Schwarz- und Rotbunte, Angler Rinder und Fleischrinder)
Zertifizierung: DIN EN ISO 9001
Hauptsitz: Neumünster

Rinderzucht
Schleswig-Holstein eG
Süderbrarup

Wird seit 1830 erfolgreich gezüchtet: die pflegeleichte rote Kuh aus Angeln

Die Angler Rinder in der Region Angeln

Noch zu Kaisers Zeiten bevölkerte eine Fülle von Rotviehrassen und -schlägen die deutschen Lande. Die meisten davon sind inzwischen von der Viehpalette verschwunden oder in anderen Rassen aufgegangen.

Eine Ausnahme bilden die Angler Kühe in der Region Angeln. In der Historie wird die rote Kuh um 1600 erstmals schriftlich erwähnt. Seit 1830 wird das Angler Rind planmäßig gezüchtet. Das Hauptverbreitungsgebiet der Angler Kühe ist nach wie vor die Region Angeln und somit auch der Kreis Schleswig-Flensburg. Aber es gibt diese schokobraune bis rotweiße, pflegeleichte Kuh in allen Bundesländern.

Der zentrale Ort für die Zuchtarbeit ist die Angelnhalle in Süderbrarup. Seit 1940 werden hier regelmäßig Zuchtrinderauktionen abgehalten (bis Januar 2004 waren es 550 Auktionen), und von hier aus wurden zahlreiche Exporte in alle Welt durchgeführt.

Das Angler Rind wurde zu einem Markenartikel und hat zur Verbesserung zahlreicher Rotviehpopulationen beigetragen, wie zum Beispiel im Baltikum und der Ukraine. Aber es wurde auch nach Japan, Australien, in die USA, nach Kanada und Italien exportiert, um Milchinhaltsstoffe, Fruchtbarkeit und Langlebigkeit der dortigen Rassen zu verbessern. Ebenso werden in Griechenland, dem Libanon, Algerien und Irland die hoch anpassungsfähigen und produktiven Rinder genutzt.

Eine Angler Milchviehherde inmitten ihrer malerischen Umgebung

89

Wir über uns: Landschlachterei Bruhn

Seit mehr als 100 Jahren gehört die Fleischerei Bruhn unverwechselbar zum Ortsbild der Gemeinde Niesgrau. Inzwischen arbeitet bereits die 5. Familiengeneration im Betrieb und wird die Tradition mittelfristig fortsetzen. Für die Familie Bruhn bedeuten diese 100 Jahre eine lange und oftmals wechselvolle Entwicklungszeit, in der sie sich durch Leistung, Disziplin und Geschick einen hervorragenden Ruf als Qualitätsbetrieb erworben hat. Die ehrliche handwerkliche Arbeit, verbunden mit einem wachen Unternehmergeist, wird die Fleischerei Bruhn auch in Zukunft zu einem der wichtigsten Gewerbebetriebe in der Gemeinde Niesgrau machen – mit zufriedenen Kunden weit über ihre Grenzen hinaus.

Auf einen Blick

Gründungsjahr: 1903

Mitarbeiter: 11

Leistungsspektrum: Fleisch- und Wurstspezialitäten aus der Landschlachterei

■ Landschlachterei
Hans-Jürgen Bruhn
Schlachtermeister
Niesgrau

eine umfassende Aus- und Weiterbildung unabdingbar. Die Landwirtschaftskammer hat ihr Dienstleistungsangebot im Bereich Landwirtschaft, Gartenbau und Forst neu ausgerichtet. Mit Schuby und Tolk verfügt sie in unserem Kreisgebiet über besonders leistungsfähige Versuchsstandorte für Futterpflanzen, Getreide, Kartoffeln und Raps. Im „Grünen Zentrum Schleswig" sind Unternehmensberatung, sozioökonomische Beratung, Bildungsberatung, Forstprojektstelle, eine Fachreferentin für Direktvermarktung, Spezialberatungseinrichtungen im Rinder-, Schweine- und Marktbereich zur Unternehmensführung untergebracht.

Der Kreis Schleswig-Flensburg setzt sich mit Nachdruck und erheblichem finanziellem Engagement für das landwirtschaftliche Berufs- und Fachschulwesen in Abstimmung mit dem Land Schleswig-Holstein ein. Der Ehemaligenverein der Fachschulen, der Bauernverband, die Beratungsringe und andere bieten ein weit gefächertes Angebot an Weiterbildung. Die Bereicherung und Gestaltung des öffentlichen Lebens im ländlichen Raum wird von den Landfrauenvereinen und der Landjugend maßgebend mitgestaltet.

Zur sozialen Absicherung der landwirtschaftlichen Familien steht ein leistungsfähiges Netz von Betriebshilfsdiensten, auch in enger Abstimmung mit den landwirtschaftlichen Sozialversicherungsträgern, zur Verfügung. Es wird ergänzt durch potente Handelspartner der Landwirte aus dem Zulieferbereich. Insgesamt hängt etwa jeder vierte Arbeitsplatz im Kreisgebiet von der Landwirtschaft ab. Sie bildet damit das Rückgrat für eine zukunftsorientierte Wirtschaftsentwicklung.

Das Bewusstsein für Umwelt- und Naturschutz ist bei der Bevölkerung gewachsen. Die Landwirte leben mit der Natur und stehen gerade diesen Fragen offen gegenüber.

Idyllische Bauernhäuser und die Rapsblüte gehören auch im Frühjahr zu den optischen Höhepunkten im Kreisgebiet.

Auf einen Blick

Gründungsjahr: 1961

Mitarbeiter:
insgesamt 21, davon 6 Auszubildende

Leistungsspektrum:
Produktion und Vermarktung von Gartenpflanzen sowohl im Einzel- als auch Großhandel, Schwerpunkt Rosen mit mehr als 350 Sorten, außerdem u. a. Obst, Zier-, Nadel- und Wildgehölze, Bäume, Stauden

∎

Clausen Gartenbaumschulen GbR
H. Clausen Baum- und Rosenschulen
Böklund

Umweltschonende Produktion von Pflanzen ist die Stärke der Baum- und Rosenschulen H. Clausen.

Wir über uns: Clausen Gartenbaumschulen GbR, H. Clausen Baum- und Rosenschulen

Seit 1961 ist Seniorchef Hermann Clausen mit seinem Betrieb und der Produktion von Qualitätspflanzen – Pflanzen mit ausgewogenem und ausgereiftem Wachstum – in Böklund erfolgreich tätig und im Land der Baumschulen eine feste Größe.

Trotz der hohen Spezialisierung lag und liegt ein großes Bestreben des heute aus zwei Betrieben bestehenden Unternehmens (Groß- und Einzelhandel) in der besonders umweltschonenden Produktion der Pflanzen. Besonderer Schwerpunkt bildet dabei die Rosenproduktion, für die jährlich circa 150 000 Wildlinge und 4000 Wildstämme im Sommer veredelt werden.

Das umfangreiche Sortiment, das stetig verbessert und erweitert wird, umfasst mehr als 350 Sorten aller Verwendungsgruppen.

Mit den Erkenntnissen der Wissenschaft und durch entsprechende Beratungen werden immer mehr die Ziele des integrierten Pflanzenbaus angestrebt.

Jährlich besuchen Tausende unsere schönen Regionen um die Flensburger Förde, die Schlei oder das Binnenland. Bauernhof-Cafés, Urlaub auf dem Bauernhof, auch in Kombination mit einer Direktvermarktung landwirtschaftlicher Produkte, haben sich in vielen Betrieben zu einem neuen Standbein entwickelt. Eine gepflegte Landschaft ist Voraussetzung, dass die Gäste sich bei uns wohl fühlen. Diese Landschaftspflegeleistung erbringen die Landwirte weitgehend kostenlos. Über eine Neubewertung dieses Beitrages für unsere Urlaubsregion muss auch im Zuge der EU-Agrarreform neu nachgedacht werden.

Der Kreis Schleswig-Flensburg besitzt eine unternehmerisch ausgerichtete Landwirtschaft, die die ökonomischen Herausforderungen im großen europäischen Wettbewerb gut annehmen kann. Sie ist umweltfreundlich und bietet vielen Menschen im ländlichen Raum sichere Arbeitsplätze. Die Zahl der Ausbildungsplätze ist stabil. Auch die junge Generation weiß sichere Arbeitsplätze in der Agrarwirtschaft zu schätzen, die zu den kapitalintensivsten in unserer modernen arbeitsteiligen Wirtschaft zählen.

Die Landwirtschaft muss in der Gegenwart wie auch zukünftig ihre Vielseitigkeit bewahren. Es gilt, die Anforderungen des Kunden im Nahrungsmittel-, Freizeit- und Dienstleistungsbereich zu erfüllen. Nach wie vor werden Angebot und Nachfrage, also der Markt, die Regulatoren für die Entwicklung sein. Die Erhaltung eines gesunden Bodens und die Erzeugung gesunder Nahrungsmittel für einen kritischen Verbraucher – das sind die Aufgaben der Landwirtschaft. Erfüllt sie diese, dann werden von ihr auch in Zukunft wesentliche wirtschaftliche Impulse ausgehen und eine dynamische Fortentwicklung des ländlichen Raumes als Lebens-, Wirtschafts- und Erholungsraum in unserem Kreis gewährleistet sein.

∎

Bauen im Kreis Schleswig-Flensburg

Kai Lorenzen-Silbernagel

Die baulichen Aktivitäten im Kreis Schleswig-Flensburg sind gekennzeichnet von einem spannungsvollen Nebeneinander von Neubauvorhaben und dem sensiblen Umgang mit historischer Bausubstanz.

Zur Stärkung der Region und zum Ausbau der für die Wirtschaft zu nutzenden Strukturen greifen hier zahlreiche Förderprogramme. Sie sollen helfen, die Region für die heutigen Anforderungen zu rüsten, denn leider hat die Abwanderung bedeutender Produktionsbetriebe, Behördenzusammenlegungen und die Schließung zahlreicher Bundeswehrstandorte zur Schwächung der Wirtschaftskraft geführt. Es wird die Verbesserung der Standortqualitäten angestrebt, damit den Bewohnern und den Touristen als bedeutende Zielgruppe attraktiver Lebens- und Aufenthaltsraum angeboten werden kann.

Größere städtebauliche Maßnahmen wurden in den zurückliegenden Jahren in Verbindung mit Verkehrsbauvorhaben durchgeführt. So hat Schleswig durch den Ausbau des Gottorfdammes, der Schleistraße und der Schleiuferpromenade ein neues Gesicht und eine erhebliche gestalterische Aufwertung bekommen. Die Hauptzufahrt nach Schleswig ist nicht nur in Bezug auf die Verkehrsführung optimiert worden, sondern hat Weichenstellungen erfahren, die das städtebauliche Umfeld ansprechend geordnet haben. In ähnlicher Form haben in Kappeln die Verlegung der Schleiquerung durch den Bau einer neuen Klappbrücke und die Neugestaltung des Hafenbereiches durchgreifende Verbesserungen geschaffen. Der Hafenbereich hat erheblich an Aufenthalts- und Lebensqualität gewonnen.

Historische Bausubstanz verfügt über einen besonderen Reiz, besonders wenn es gelingt, eine zeitgemäße Nutzung sensibel einzufügen und das Gebäude der Öffentlichkeit zugänglich zu machen. Gerade in den letzten Jahren sind in Schleswig und Umgebung einige sehenswerte Beispiele geschaffen worden. So konnte der ehemalige Güterschuppen der stillgelegten Kreisbahn im Zentrum von Schleswig zur zünftigen Brauerei umgebaut werden. Das Zollhaus im Lollfuß in Schleswig, ein barockes Palais in direkter Nachbarschaft zum Schloss wurde durch den Umbau zum Restaurant und Hotel ein lohnendes Ziel. Der nördliche Flügelbau des städtischen Museums wurde saniert und zur Museumserweiterung umgestaltet. Unter dem Namen „Teddy Bär Haus" ist hier eine besondere Spielzeugausstellung zu sehen.

Viele ehemals landwirtschaftliche Betriebe bieten als Folge des Strukturwandels in der Landwirtschaft Raum für eine Umnutzung. Es finden sich reizvolle Objekte für die Einrichtung von Alten- und Pflegeheimen, Seminarstätten und Wohnanlagen in der Region. Deren Umgestaltung wird durch die eingangs genannten Förderungen begünstigt und bringt neues Leben in die Orte.

Die Hauptstelle der „Nospa" in Schleswig setzt in Bezug auf Neubauaktivitäten im Stadtinneren einen mutigen Akzent und zeigt, dass eine bauliche Einfügung auch in moderner Formensprache erfolgen kann.

Das Schloss Gottorf mit seinen über die Landesgrenzen hinaus bekannten Sammlungen wird derzeit um ein weiteres Highlight bereichert. Ein Projekt von überregionaler Bedeutung ist die Rekonstruktion des barocken Fürstengartens mit dem berühm-

Fortsetzung Seite 99

Auf einen Blick

Gründungsjahr: 1950

Mitarbeiter: rund 50

Leistungsspektrum:
- Vermessungen an Grundstücken
- Ingenieurvermessungen aller Art
- Laser-Scanning
- Vermessung von Freileitungen
- Geographische Informationssysteme
- Softwareschulungen

Standorte:
Schleswig
Flensburg
Westerland (Sylt)

■
Nebel & Partner
Vermessung und
Geoinformation
Schleswig

Nebel & Partner ist ein überregional agierendes Ingenieurbüro, das mit seinen umfassenden Beratungs- und Dienstleistungen auf Basis konventioneller und hoch technologischer Methoden ein verlässlicher und kompetenter Partner im Bereich des Vermessungswesens und der Geoinformation ist.

Auf diesen Gebieten führt das Unternehmen nicht nur bewährte, konventionelle sowie technologisch führende Vermessungen, wie Hubschrauber gestütztes Laser-Scanning, mit den entsprechenden Auswertungen durch, sondern bietet hierzu auch umfangreiche Beratungs- und Dienstleistungen an.

Sein Einsatzgebiet für herkömmliche, technische und grundstücksbezogene Vermessungen ist im überwiegenden Maße die nördliche Bundesrepublik Deutschland. Der Bereich luftgestützte Vermessungen wird im gesamten Bundesgebiet wahrgenommen.

Dipl.-Ing. Klaus-Günter Nebel ist als Öffentlich bestellter Vermessungsingenieur Mitglied des Bundes der Öffentlich bestellten Vermessungsingenieure (BDVI) und Landesgruppenvorsitzender der BDVI für das Bundesland Schleswig-Holstein sowie als Beratender Ingenieur Mitglied der Architekten- und Ingenieurkammer in Schleswig-Holstein.

Wir über uns: Pillat Bau GmbH & Co. KG

Zu den bekanntesten und am häufigsten eingesetzten vorgefertigten Bauelementen aus Beton und Stahl gehören Elementdecken und -wände des Systems „Filigran", wie sie in großen Stückzahlen bei der Firma Pillat Bau in Kropp gefertigt werden.

Pillat, regionaler Hersteller von Beton-Fertigteilen, der den kompletten Einbau übernimmt, stellt weiterhin die Hohlplattendecke „Pillat" her, die sich ideal für den Wohnungsbau eignet. Bei Spannweiten bis zwölf Meter und Nutzlast bis 0,5 kN/m² ist sie universell einsetzbar.

Mit über 50 Jahren Erfahrung, einem modernen Maschinen- und Gerätepark, Produktionsanlagen zur Herstellung von Fertigteilen sowie qualifizierten Mitarbeitern ist das Unternehmen heute für alle Beton-Fertigteilarbeiten ein kompetenter Partner für jeden Bauherren.

Kreis mit Zukunft

Auf einen Blick

Gründungsjahr: 1950

Mitarbeiter: etwa 60–80

Werke:
Kropp bei Schleswig und Haselund bei Husum

Arbeitsgebiete:
Schleswig-Holstein + Inseln, Hamburg, Mecklenburg-Vorpommern, Berlin, Brandenburg, Niedersachsen und Nordrhein-Westfalen

Leistungsschwerpunkte:
– „Pillat" – Hohlplattendecken
– „Filigran" – Element-Plattendecken
– Balkon- und Brüstungsplatten
– Fertigteilwände
– Montagekeller
– Stahlbetontreppen
– Betonstahl geschnitten, gebogen und verlegt
– Beton-Fertigteile
– Drempel
– Dachwiderlager
– Stürze und Podeste
– Lieferung und Einbau

■

Pillat Bau
GmbH & Co. KG
Kropp

Funktionale Ästhetik:
das Medi-Center im
Zentrum Schleswigs

Wir über uns:
GEWOBA Nord Baugenossenschaft eG

Wohnraum ist Lebensraum – und der sollte für jeden Menschen bezahlbar sein. Das ist der Grundsatz, für den sich die GEWOBA Nord eG seit ihrer Gründung 1949 einsetzt.

Mit dem Konzept „Mieter werden Mitglieder der Genossenschaft und wohnen so in gewisser Weise in den eigenen vier Wänden" ist die Genossenschaft seit vielen Jahren erfolgreich. So ist die Zahl der Mitglieder, dazu zählen gleichermaßen Familien mit Kindern, Singles und Senioren, auf mittlerweile rund 8300 angestiegen.

Die GEWOBA Nord gehört zu den größten Baugenossenschaften in Schleswig-Holstein. Bei circa 11 000 verwalteten Objekten umfasst der Gesamtbestand neben einem Großteil eigener Objekte auch fremdverwaltete Immobilien sowie Pacht- und gewerbliche Objekte, Garagen und Stellplätze. Ein solcher Bestand macht eine kontinuierliche Pflege und Modernisierung erforderlich – die GEWOBA gewährleistet beides.

So stellt sie als erste Baugenossenschaft im Norden in den nächsten Jahren einen Großteil ihrer Heizölanlagen auf Erdgas um. Eine Maßnahme, die nicht zuletzt der Stabilisierung des Mietniveaus dienen soll.

Das Ausbreitungsgebiet der Baugenossenschaft erstreckt sich vom Nord-Ostsee-Kanal bis hinauf zur dänischen Grenze und schließt die Inseln Sylt, Föhr und Amrum mit ein. In insgesamt 40 Städten und Gemeinden präsentiert sie sich als Vermieter und Verwalter mit einem attraktiven Wohnungsangebot.

Kreis mit Zukunft

Auf einen Blick

Gründungsjahr: 1949

Mitglieder: rund 8300

Objektbestand:
– ca. 7600 eigene Objekte
– ca. 3100 Objekte in der Verwaltung

Hauptverwaltung:
Schleswig

Geschäfts-/Außenstellen:
Harrislee, Husum, Niebüll, Schleswig, Westerland, Wyk (Föhr)

Gelungene Großmodernisierung: Husumer Baum in Schleswig

Großmodernisierung – Sechziger-Jahre-Häuser in neuem Glanz

Seit Juni 2001 nimmt die Baugenossenschaft auch die Komplettsanierung von Sechziger-Jahre-Häusern vor.

Neben umfangreichen Hochbaumaßnahmen (Vollwärmeschutz, Verbesserung des Schallschutzes, Vergrößerung der Balkone in Zusammenhang mit einer Kaltverglasung, Erneuerung der gesamten Haustechnik) sieht das Konzept umfassende Wohnumfeldgestaltungen – u. a. Pkw-Unterstellplätze direkt vor den Hauseingängen sowie Mietergärten – vor.

Ein gelungenes Beispiel ist im Bild oben zu sehen, das die sanierten Gebäude im Husumer Baum in Schleswig zeigt. Das moderne Erscheinungsbild mit frischen Farben setzt in der Umgebung neue Maßstäbe, was eine Aufwertung des gesamten Stadtteils zur Folge hat.

Umbauprojekte – Zielgruppengerechte Architektur

Mit dem Medi-Center (eine ehemalige Bundeswehr-Einrichtung) im Zentrum Schleswigs (linke Seite) setzt die GEWOBA Nord ihre Vorstellung von einer zielgruppengerechten Architektur hundertprozentig um.

Im dreistöckigen Gebäude sind auf insgesamt 700 Quadratmetern sehr unterschiedlich geschnittene Praxisräume entstanden – orientiert an den Anforderungen und Bedürfnissen der jeweiligen Mietparteien. Das Gebäude hat eine Größe von rund 230 Quadratmetern pro Etage und bietet darüber hinaus großzügige Kellerräume und genügend Pkw-Stellplätze für das Praxispersonal.

■
GEWOBA Nord Baugenossenschaft eG
Schleswig

Wir über uns:
PLANUNGSGRUPPE PLEWA UND PARTNER

Seit rund 20 Jahren schätzen wir die Lebensqualität im Kreis Schleswig-Flensburg und versuchen, sie zu bewahren.

Dorf- und Ortsentwicklung sowie die Stadtsanierung gehörten zu den ersten Geschäftsfeldern der PLANUNGSGRUPPE PLEWA UND PARTNER. Für die Bewahrung und Weiterentwicklung von hochwertigen Orts- und Landschaftsbildern und Kulturgütern können wir auch heute noch Leidenschaft entwickeln. Diese Arbeit lässt sich wunderbar mit der Planung der Zukunft vereinbaren: Nachhaltige Konzepte nutzen die Stärken der Region. Dazu gehören auch die Menschen, deren Ideen mit unterschiedlichsten Methoden in die Planung einbezogen werden.

Kommunikationstechniken und das langjährige Wissen um kommunalpolitische Prozesse und Verwaltungsabläufe helfen, umsetzbare Ergebnisse zu produzieren und die notwendigen Synergien zu erzeugen. Ein kooperativer Arbeitsstil ist unser Markenzeichen.

Ob Dorf- und ländliche Regionalentwicklung, ob Städtebauförderung/Soziale Stadt, Regionalprogramm, LEADER+ oder INTERREG: Häufig sind Fördermittel von Land, Bund und Europäischer Union nötig, um Projekte zum Laufen zu bringen. Wir kennen die Programme und die Ansprechpartner und sind auch bei der Überwindung formaler/bürokratischer Hürden behilflich. Wir planen überwiegend für Kommunen. In jüngster Zeit wurden auch vorhabenbezogene Planungen mit privaten Partnern sehr erfolgreich bearbeitet.

Beispiel Flächennutzungsplanung: intensiv geführte fachliche Diskussion und ansprechende graphische Aufarbeitung

Neue Kommunikationstechniken, neue Beteiligungsformen: Moderation des Workshops zum Markttreff in Medelby

Auf einen Blick

Gründungsjahr:
gemeinsame Arbeit seit 1986, Bürogründung 1990

Mitarbeiter: 6

Leistungsspektrum:
- integrierte Entwicklungskonzepte
- Prozesssteuerung in der nachhaltigen Regionalentwicklung
- Regionalmanagement und Projektentwicklung
- Stadt- und Umlandkonzepte
- Tourismuskonzepte
- Dorfentwicklung, Ortsentwicklung und Stadterneuerung
- Bauleitplanung: Flächennutzungs- und Bebauungsplanung
- vorhabenbezogene Bebauungspläne
- Satzungen nach § 34 BauGB
- Erhaltungs- und Gestaltungssatzungen
- kommunale Politikberatung
- Moderation von stadt- und regionalplanerischen Fragestellungen
- Fördermittelberatung

■

PLANUNGSGRUPPE
PLEWA UND
PARTNER GbR
Geografin und
Stadtplanerin
Cornelia Plewa
Architekt **Klaus Kunert**
Flensburg

Kreis mit Zukunft

ten Globushaus. Den nur noch rudimentär vorhandenen Funden soll am historischen Ort neues Leben gegeben werden. Bei der Rekonstruktion wurde bewusst der Schritt zu einer zeitgemäßen Formensprache gewählt. Es soll dem Besucher der Geist und die Bedeutung der ehemaligen Parkanlage vermittelt und gleichzeitig hervorgehoben werden, welcher Zeit die baulichen Ergänzungen entspringen.

Die aufgezeigten Beispiele verdeutlichen, dass im Hinblick auf den Erhalt der Attraktivität des Kreisgebietes es nur ein ausgewogenes Nebeneinander von Alt und Neu geben kann.

Auch die zukünftigen Kreisbesucher werden einen ausschließlich museal ausgerichteten Charakter nicht schätzen, sondern Vitalität und Authentizität erwarten und würdigen. ■

Hauptstelle der Nord-Ostsee Sparkasse in Schleswig an der Ecke Stadtweg/Bismarckstraße; Generalplaner Puck und Sachau, Freischaffende Architekten GmbH.

99

Der Umwelt zuliebe: Natur- und Landschaftsschutz

Bogislav-Tessen von Gerlach

Auf einen Blick

Der Kreis Schleswig-Flensburg wird geprägt durch seine große natürliche Landschaftsvielfalt und -schönheit mit ihrem unverwechselbaren Charakter. Die für Naturbeobachtungen gut erschlossenen großräumigen Schutzgebiete an der Küste und im Binnenland vermitteln allen Interessierten unvergessliche Eindrücke.

Die Treene bei Tarp fließt durch ein idyllisches Urstromtal

Ein für Einheimische wie für Besucher besonders attraktiver Landschaftsteil im Kreis Schleswig-Flensburg ist die lange, stark gegliederte Ostseeküste mit der Schlei im Süden und der Flensburger Förde im Norden. Das angrenzende Angeliter Hügelland mit seinen fruchtbaren Böden wird durch eine wald- und seenreiche Landschaft dominiert, die von zahlreichen alten und artenreichen Knicks durchzogen ist. Weiter westlich schließt sich der lang gestreckte, durch Grünlandbewirtschaftung gekennzeichnete Geestrücken an mit seinen ertragsärmeren, sandigen Böden sowie flach ausgeformten eiszeitlichen Abflusstälern und Moränenrücken. Im Südwesten schließlich liegt die weiträumige Flusslandschaft der Eider-Treene-Sorge-Niederung mit ihren zahlreichen Hoch- und Niedermoorflächen. In den so verschiedenen landschaftlichen Naturräumen befinden sich viele geschützte und schützenswerte Biotope. Insgesamt sind 19 in sich geschlossene Areale mit einer Grundfläche von 3086 Hektar als *Naturschutzgebiete* ausgewiesen – wegen ihrer reichen biologischen Vielfalt sowie ihrer Bedeutung für den Naturhaushalt – und weitere 20 Gebiete mit einer Gesamtfläche von rund 57 800 Hektar als *Landschaftsschutzgebiet* – wegen ihrer besonderen ökologischen oder naturverträglichen Erholungsfunktion sowie ihrer kulturhistorischen Bedeutung. Beide Gebiete umfassen insgesamt 28,6 Prozent der Gesamtfläche des Kreises, was deutlich über dem Landesdurchschnitt von rund 17,6 Prozent liegt.

Zu den größten zusammenhängenden Biotopkomplexen gehört die Eider-Treene-Sorge-Niederung. Das 60 000 Hektar große Gebiet erstreckt sich über vier Kreise, ist zugleich auch das größte zusammenhängende Feuchtgrünlandareal in Schleswig-Holstein und gehört zu den bedeutendsten in Europa. Seit etwa zehn Jahren wird hier ein Entwicklungskonzept umgesetzt, dessen Ziel es ist, diesen Natur- und Kulturraum in seiner Gesamtheit ökologisch zu sichern und weiter zu entwickeln bei gleichzeitiger Berücksichtigung der Interessen der hier lebenden und arbeitenden Menschen. Bislang konnten rund 10 000 Hektar der wichtigsten Flächen gesichert werden, um die Lebensräume der äußerst seltenen und für Feuchtgebiete typischen Tiere und Pflanzen zu erhalten, zu verbessern und zu vernetzen.

Ein weiteres Naturschutzprojekt wird zurzeit im Zentrum des Kreises, dem Gebiet der „oberen Treenelandschaft", realisiert. Dieser Bereich mit seiner reichhaltigen Fauna und Flora, die insbesondere an extreme Standortbedingungen – wie besonders trockene, nasse oder nährstoffarme

Kreis mit Zukunft

Die Alte Sorge prägt gemeinsam mit Eider und Treene die Landschaft Stapelholm.

Das Naturschutzgebiet Geltinger Birk ist Heimat zahlreicher schutzwürdiger Tier- und Pflanzenarten.

Böden – angepasst ist, wird von einem Naturschutzverein betreut, dessen erklärtes Ziel es ist, das Gebiet unter Einbeziehung der in der Region lebenden Menschen weiterzuentwickeln. Er ist seit dem Jahr 2000 zugleich Träger eines bundesweit beachteten Naturschutzprojekts, das mit nationalen Fördermitteln in Höhe von 20 Mill. Euro ausgestattet ist, um großräumig auf rund 2000 Hektar die natürlichen Lebensbedingungen für selten gewordene Arten- und Lebensgemeinschaften zu erhalten und wieder herzustellen.

Mit 773 Hektar Fläche das größte Naturschutzgebiet im Kreis ist die Geltinger Birk am Ausgang der Flensburger Förde. Die besondere natürliche Prägung und Eigenart dieser bereits im Mittelalter von der Ostsee abgedeichten Lagune ergibt sich aus den Flachwasserlagunen, Strandwällen, Dünen sowie den Schilfsümpfen und dauerfeuchten Salzwiesen – mit über 200 verschiedenen Vogelarten.

Im äußersten Norden, auf deutsch-dänischem Gebiet, liegt das 220 Hektar große Fröslev-Jardelunder Moor, dessen Renaturierung und Wiedervernässung als grenzüberschreitendes Großprojekt seit 1990 mit erheblichen EU-Mitteln gefördert wurde.

Nicht weit davon entfernt befindet sich der ehemalige, von 1879 bis 1998 militärisch genutzte Truppenübungsplatz Schäferhaus. Die hinterbliebene Naturlandschaft mit ihren trockenen, nährstoffarmen Flächen dient heute vollständig dem Naturschutz.

Ziel ist die Erhaltung und Förderung einer halb offenen Landschaft mit ihren vielfach vom Aussterben bedrohten nährstoffarmen, blütenreichen Gras- und Staudenfloren sowie den dort vorkommenden Tierarten. Zu diesem Zweck erfolgt eine Beweidung durch Galloways auf einer Fläche von 280 Hektar, dem zurzeit größten zusammenhängenden natürlichen Beweidungsareal in Schleswig-Holstein.

Ebenso wie alle anderen Schutzgebiete ist das Gelände durch ein äußerst reizvolles Wegenetz erschlossen und vermittelt allen Naturinteressierten einige unvergessliche Eindrücke.

Deutsch-dänische Zusammenarbeit in der Region Sønderjylland-Schleswig

Johannes Petersen

Am 16. September 1997 gründeten die Kreise Schleswig-Flensburg und Nordfriesland, die Stadt Flensburg und das dänische Amt Sønderjylland die „Region Sønderjylland-Schleswig". Sie ließen sich dabei von dem Gedanken leiten, dass das historische Gebiet beiderseits der deutsch-dänischen Grenze, welches nahezu mit den Grenzen des ehemaligen Herzogtums Schleswig identisch ist, im europäischen Wettbewerb nur bestehen kann, wenn seine Bewohner eine intensivere Zusammenarbeit pflegen. Ehemalige, historisch bedingte Gegensätze sollten überwunden und das seit den siebziger Jahren bestehende deutsch-dänische Forum als lockere Begegnungsform durch eine institutionalisierte Kooperation ersetzt werden.

Ziel der Zusammenarbeit ist es, gemeinsame Aktivitäten zu verwirklichen, die die Entwicklung in der Region fördern und gleichzeitig nähere Kontakte zwischen der Bevölkerung, der Wirtschaft und den Verbänden auf beiden Seiten der Grenze herstellen. Dabei gilt das Prinzip der Gleichberechtigung und der Achtung vor der besonderen kulturellen Eigenart und Selbstständigkeit jeder Seite.

Die Organisation der Region besteht aus dem 42-köpfigen Regionalrat als oberstem Beschlussorgan, dem paritätisch besetzten Vorstand mit je einem deutschen und einem dänischen Vorsitzenden, dem Sekretariat sowie sechs Ausschüssen und weiteren Arbeitskreisen.

Der Regionalrat versteht sich als gemeinsamer Interessenvertreter der beiderseits der Grenze liegenden Gebietskörperschaften gegenüber den nationalen Regierungen und der Europäischen Kommission in Fragen, die durch die Grenze und die jeweilige Randlage bedingt sind. Er hat es sich zur Aufgabe gemacht, die Lebensbedingungen der Menschen auf beiden Seiten der Grenze im Rahmen mehrerer Handlungsfelder zu verbessern. Grundvoraussetzung dafür sind das Zusammenbringen der Menschen und das Überwinden von Sprach- und Kulturbarrieren. Auf diesem Gebiet ist schon Vorbildliches geleistet worden. So werden Unterrichtsmaterialien für Lehrer erarbeitet, es finden jährliche Jugendforen statt, und es gibt grenzüberschreitende Schulsportfeste mit jeweils fast 1000 Teilnehmerinnen und Teilnehmern. In diese Rubrik fallen auch gemeinsame Europatage, Fahrradtouren und Kulturaktivitäten wie Konzerte, Ausstellungen, Literaturtage und die Zusammenarbeit von Museen und Büchereien bis hin zu einem Projekt „Industriemuseum Schleswig". Auch die wirtschafts- und arbeitsmarktpolitische Zusammenarbeit soll

Auf einen Blick

Gründungsjahr der Region Sønderjylland-Schleswig: 1997

Beteiligte Gebietskörperschaften:
Amt Sønderjylland (DK)
Kreis Nordfriesland (D)
Kreis Schleswig-Flensburg (D)
Stadt Flensburg (D)

Fläche:
8106 km^2

Einwohner:
700 000

Regionssekretariat:
Padborg (DK)

Schonende Landschaftspflege auf vier Beinen – Schafe beweiden das deutsch-dänische Naturschutzgebiet Fröslev-Jardelunder Moor

vorangebracht werden. Neben verschiedenen geförderten Projekten hat der Regionalrat beschlossen, ein Wirtschaftsentwicklungskonzept für die Region erarbeiten zu lassen, mit dem eine bessere Vernetzung der Unternehmen im Grenzraum erreicht werden soll. Gute Erfolge konnten bereits bei der Verbesserung des grenzüberschreitenden öffentlichen Schienen- und Busverkehrs erzielt werden. Ein weiteres Ziel ist die Verbesserung des grenzüberschreitenden Arbeitsmarktes, das gemeinsam mit dem deutsch-dänischen Gemeinschaftsprojekt EURES (European Employment Services) angestrebt wird. Diesem Ziel soll auch die Einrichtung einer Beratungsstelle für Grenzpendler dienen.

Eine große Bedeutung für die deutsch-dänische Zusammenarbeit hat das europäische Förderprogramm „Interreg", das es seit 1990 nunmehr in seiner dritten Auflage ermöglicht, grenzüberschreitende Projekte zu verwirklichen. Man mag bedauern, dass es erst eines monetären Katalysators bedurfte, um grenzüberschreitendes Denken und Handeln voranzutreiben. Man muss aber anerkennen, dass sich dieses Förderinstrument sehr segensreich auf das Zusammenwachsen der Region ausgewirkt hat. Anders wäre es wohl kaum möglich gewesen, Hochschulkooperationen, Netzwerke von Bildungsinstitutionen, grenzüberschreitende Tourismusförderung und gemeinsame Aufgaben im Umwelt- und Naturschutz (mit dem jüngsten Beispiel der Renaturierung des Niehuuser Tunneltals) ins Leben zu rufen, um nur einige wenige Beispiele zu nennen. 26 Mill. Euro umfasst allein das Interreg-III-Programm, das für den Zeitraum von 2000 bis 2006 aufgelegt wurde und damit ein bedeutendes Fördervolumen für unsere gemeinsame Region ausmacht.

Mit der Gründung der Region ist ein dynamischer Prozess in Gang gesetzt worden, der neue Impulse für ein aktives, positives Miteinander setzen wird und mit dem ein regionales Profil geformt werden kann. Für den Erfolg wird es sehr darauf ankommen, dass die Menschen aufeinander zugehen und trotz mancher Unterschiedlichkeit ihren Willen zur Kooperation bekunden. ∎

Kreis für Dienstleistungen

Handwerk – regionsverbunden und innovativ

Carsten Jensen

Kein Wirtschaftszweig hat in den letzten Jahren einen solch gravierenden Strukturwandel mit erheblichen Folgewirkungen erfahren müssen wie das Handwerk. Nach einer langen Zeit der stetigen Steigerung der Arbeits- und Ausbildungsplätze hat insbesondere die Krise im Bau- und Ausbaugewerbe dazu geführt, dass die Beschäftigtenzahl im Handwerk zurückgegangen ist. Neben der allgemeinen konjunkturellen Entwicklung sind es vor allem die Rahmenbedingungen mit den noch immer viel zu hohen Lohnzusatzkosten, unter denen das lohnintensive Handwerk besonders zu leiden hat.

Und dennoch: Nach wie vor ist gerade das Handwerk bemüht, ein Ausbildungsplatzangebot vorzuhalten, das jedem geeigneten Bewerber die Aufnahme einer Lehre ermöglicht. Ein typisch ländlicher Raum wie der Kreis Schleswig-Flensburg mit seinen knapp 1900 Handwerksbetrieben und über 1300 Handwerkslehrlingen bietet dazu noch die größten Chancen für die zahlreichen Lehrstellenbewerber. Neben dem Interesse der Betriebe, geeigneten Nachwuchs selbst auszubilden, ist gerade im Handwerk immer wieder die Wahrnehmung einer besonderen Verantwortung zu beobachten, den Schulabgängern eine berufliche Perspektive zu bieten.

Persönliche Kenntnis und persönliche Ansprache in einem sehr ländlich geprägten Wirtschaftsraum bieten die besten Voraussetzungen für die Aufnahme einer Ausbildung in einem der vielen zukunftsträchtigen Handwerksberufe. Der Meisterbrief im Handwerk hat sich dabei immer mehr als Garant für qualitativ hochwertige Arbeit und Gütesiegel für eine fundierte Ausbildung erwiesen.

Handwerkliche Betriebe – zumal in einer Grenzregion – müssen bemüht sein, ihre

Der Metallblasinstrumentenmacher: hochwertiger Instrumentenbau – ein altes Handwerk mit guten Zukunftsaussichten bisherigen Marktgrenzen zu überschreiten. Sie finden ihre Märkte und Lieferanten längst nicht mehr ausschließlich am eigenen Standort. Immer mehr Handwerker entdecken mit unternehmerischem Gespür ihre Chance auch auf neuen Märkten im Ausland. Dies gilt nicht nur für den Export von handwerklichen Waren und Dienstleistungen, sondern ebenso für den Import. In jedem Fall kann die Markterweiterung den Umsatz steigern oder den Unternehmensbestand sichern oder – im Falle des Imports – die Wettbewerbsfähigkeit verbessern.

Neue Märkte erfordern aber häufig auch neue Formen der Zusammenarbeit von Handwerksbetrieben. Die Nachfrage aus dem privaten, unternehmerischen und öffentlichen Bereich nach Komplettangeboten „aus einer Hand" wächst zunehmend. Gemeinsam lässt sich ein marktfähiges Angebot entwickeln, das auch dem Wettbewerb über Preis und Leistung – etwa mit größeren Generalunternehmern – standhalten kann. Durch das gemeinsame Vorgehen kann das Handwerk Größennachteile gegenüber Industrieunternehmen oftmals ausgleichen, und dies bei häufig festzustellender erheblich größerer Flexibilität. Ein einzelner Betrieb könnte in vielen Fällen die vom Markt geforderten Anforderungen alleine nicht erfüllen und daher seine Potenziale nicht nutzen. Kooperationen hingegen tragen dazu bei, dass das Handwerk in der Wertschöpfungskette nicht weiter zurückgedrängt wird.

Die Vorstellung in der Bevölkerung von Handwerksbetrieben ist in vielen Fällen noch von eher traditionellen Strukturen geprägt. Der bereits erwähnte Strukturwandel in der Wirtschaft insgesamt jedoch erfordert, dass Handwerksbetriebe bereit sind, neue Verfahren und Produkte zu entwickeln oder bereits vorhandene – für das Handwerk noch neue – Technologien und neue Werkstoffe in innovative Produkte umzusetzen. Beispielhaft seien die Solar- und Windenergie genannt oder auch die Bereitschaft, sich zum Gebäudeenergieberater fortzubilden.

Anerkannte Stärken des Handwerks, wie individuelle und kreative Leistungen auf hohem Qualitätsniveau, bilden in Zukunft den entscheidenden Wettbewerbsfaktor. Die bewusste Gestaltung handwerklicher Leistungen, die ideale Verbindung von Aussehen und Funktion, Kreativität, individuelle Produkte und Dienstleistungen, verbunden mit Solidität und Dauerhaftigkeit – diese Pluspunkte handwerklicher Leistungen liefern die Grundlage für neue Marktchancen. Denn in seiner Individualität unterscheidet sich das Handwerk auch heute noch am stärksten von der Industrie. Maßanfertigung statt Massenproduktion ist das passende Schlagwort. Viele individualisierte Angebote des Handwerks sprechen den vom Kunden vermehrt nachgefragten Erlebniswert an, aber auch Wünsche nach Komfortsteigerung, Verfügbarkeit, Zeitersparnis oder Verlässlichkeit durch Qualität.

Die stetig alternde Gesellschaft sowie spezielle Kundenwünsche bieten ebenfalls zunehmend Chancen für Handwerksbetriebe, die ihre Angebote auf die speziellen Bedürfnisse ausgewählter Kundengruppen wie zum Beispiel „Senioren", „Kunden mit hohem Sicherheitsbedürfnis", „gesundheits- und qualitätsbewusste Kunden" oder „umwelt- und energiebewusste Kunden" zugeschnitten haben. Das Wissen über ihre jeweils besonderen Anforderungen – verbunden mit einer individuellen Beratung – eröffnet engagierten Betrieben des Handwerks neue Marktnischen abseits vom Preiskampf.

Nach wie vor suchen zahlreiche Handwerksbetriebe gerade im ländlichen Raum händeringend nach einem Nachfolger. Zur Sicherung der Arbeitsplätze in unserer verhältnismäßig strukturschwachen Region, aber auch zur Sicherstellung der Versorgung der Bevölkerung mit allen Dienstleistungen des Handwerks ist es daher unerlässlich, bei der Möglichkeit der Fortführung bestehender Unternehmen wie der Neugründung von handwerklichen Unternehmen behilflich zu sein. Die Angebote der Handwerksorganisation sind sehr vielfältig und reichen von der betriebswirtschaftlichen Begleitung einer Existenzgründung oder -übernahme bis zur technischen, rechtlichen oder gestalterischen Beratung.

Kreis für Dienstleistungen

Traditionelle Handwerkskunst: Ein altes Bauernhaus wird mit Reet gedeckt.

Durch die Nähe zum Kunden einerseits sowie durch ein sehr persönliches Verhältnis zu den Mitarbeitern andererseits ist das Handwerk gerade im ländlichen Raum ein nicht zu unterschätzender stabilisierender gesellschaftlicher Faktor. Voraussetzung für den weiteren Bestand leistungsfähiger Handwerksbetriebe ist und bleibt jedoch neben einer fundierten handwerklichen Ausbildung eine deutliche Verbesserung der Rahmenbedingungen.

Der Schuhmacher: Schuhe, die ein Leben lang halten – Maßproduktion statt Massenfertigung

Die Nord-Ostsee Sparkasse – Partner der Region

Reinhard Henseler

Die Nord-Ostsee Sparkasse ist eines der größten Geldinstitute in Schleswig-Holstein. Mit knapp 1100 Mitarbeiterinnen und Mitarbeitern und einem Bilanzvolumen von rund 4,1 Mrd. Euro hat sie eine zukunftsfähige Größe erreicht und ist damit für ihre Kunden ein starker Partner, der untrennbar mit der Region verbunden ist. Gerade diese regionale Verwurzelung unterscheidet Sparkassen von vielen anderen Kreditinstituten.

Wo liegt nun aber dieser Mehrwert, den eine Sparkasse ihrer Region bieten kann? Die Antwort kennen Unternehmer, die oft erst durch die Sparkasse Zugang zu öffentlich geförderten Kreditprogrammen erhalten. Ebenso stehen die Kommunen von jeher in besonderem Maße in intensiver Geschäftsverbindung zu ihr. Und auch die Privatkunden wissen die Nähe zur nächsten Filiale zu schätzen. Die Nord-Ostsee Sparkasse steht jedem Kunden, ob vermögend oder nicht, mit Rat und Tat zur Seite. Für sie ist das Privatkundengeschäft eine wichtige Säule. Dabei gilt: Eine leistungsfähige Sparkasse kann sich auch im harten Wettbewerb behaupten. Die Nord-Ostsee Sparkasse sieht es als eine große Stärke, dass ein so breiter Kundenkreis ihre Dienstleistungen in Anspruch nimmt.

Als Marktführer in der Region hat sie viel zu bieten: Dass modernste Kommunikationstechnologien die Beraterinnen und Berater der Nord-Ostsee Sparkasse unterstützen, gehört ebenso selbstverständlich zur Geschäftspolitik wie die Präsenz in der gesamten Fläche zwischen Sylt und Kappeln, zwischen Glücksburg und St. Peter-Ording. Mit rund 90 Filialen ist die „Nospa" für ihre Kunden da. Denn trotz der modernen Technik bleibt die Nähe, die Beratung von Mensch zu Mensch, unverzichtbar.

Die Nord-Ostsee Sparkasse präsentiert sich als ein modernes Geldinstitut, dessen wirtschaftliche Leistungsfähigkeit der Region in vielfältiger Weise zugute kommt. Denn neben den angebotenen Dienstleistungen fließt auch das Geld, das hier verdient wird, wieder in die Region zurück. Die „Nospa" ist hier Arbeitgeber und Ausbilder, Auftraggeber und Steuerzahler. Sie hat sich durch umfangreiche Spenden- und Sponsoringaktivitäten, als Stifterin sowie durch eigene Veranstaltungen als bedeutende Förderin von Kultur, Sport, Ökologie und sozialen Projekten einen Namen gemacht. Dabei leisten insbesondere die vier Stiftungen der Sparkasse – ausgestattet mit über 3 Mill. Euro – durch die Ausschüttung der jährlichen Erträge einen kontinuierlichen Beitrag zur Förderung von Kultur, Jugendarbeit und Sport.

Neben der wirtschaftlichen Bilanz muss nach Ansicht der Nord-Ostsee Sparkasse eben auch die Gesellschaftsbilanz eines Unternehmens hohen Ansprüchen genügen. Und wenn es um gesellschaftliches Engagement geht, ist die „Nospa" eine feste Größe – im Kreis Schleswig-Flensburg wie im gesamten Geschäftsgebiet zwischen Nord- und Ostsee.

Kreis für Dienstleistungen

Auf einen Blick

Vereinigung:
Am 1. April 2003 vereinigten sich die Sparkassen Schleswig-Flensburg und Nordfriesland zur Nord-Ostsee Sparkasse.

Mitarbeiter:
knapp 1100, über 80 davon sind Auszubildende

Standorte:
Die Nord-Ostsee Sparkasse ist mit rund 90 Filialen in den Kreisen Schleswig-Flensburg und Nordfriesland sowie drei Hauptstellen in Schleswig, Husum und Flensburg präsent. Sie deckt damit eine Fläche von 4167 km² ab.

Engagement:
Zwei Jugend- und Sportstiftungen sowie zwei Kulturstiftungen mit einem Gesamtvermögen von über 3 Mill. Euro unterstützen Kultur sowie Jugend und Sport in den Kreisen Nordfriesland und Schleswig-Flensburg.

Symbol des „Aufstiegs": Die bodenständige Nord-Ostsee Sparkasse hebt gelegentlich mit einem Ballon ab.

Hauptstelle der Nord-Ostsee Sparkasse in Schleswig

Wir über uns: Nord-Ostsee Sparkasse

„Auf der Höhe der Zeit", so lautete der Slogan, als die Nord-Ostsee Sparkasse am 1. April 2003 durch die Vereinigung der Sparkassen Nordfriesland und Schleswig-Flensburg entstanden ist. Mit ihrem Bilanzvolumen von rund 4,1 Mrd. Euro nimmt sie nun Rang zwei unter den Sparkassen in Schleswig-Holstein ein.
Ihr Geschäftsgebiet deckt ein Viertel der Landesfläche ab. Das dichte Filialnetz der „Nospa" und ihr eingespielter TerminService sorgen für große Kundennähe. Diese wird durch einen umfassenden SB- und OnlineService noch verstärkt.
Obwohl die Nord-Ostsee Sparkasse ein bodenständiges Unternehmen ist, hebt sie doch so manches Mal ab. Als Symbol für diesen „Aufstieg" lässt sich an schönen Tagen der Nospa-Ballon beobachten. Er ist nicht nur Werbeträger, sondern kann von Interessenten für Fahrten gebucht werden.

Nord-Ostsee Sparkasse
Schleswig

Genossenschaftsbanken – Partner in Stadt und Land

Joachim Prahst / Hans-Heinrich Langholz

Genossenschaften sind Teil der sozialen Marktwirtschaft und bilden ein Kernstück des Mittelstands. Überall in Stadt und Land sind sie anzutreffen. Allein in Deutschland tragen rund 20 Millionen Mitglieder das Genossenschaftswesen. Sie alle profitieren täglich von der großen Idee: Gemeinsamkeit macht stark.

Die Genossenschaftspioniere Hermann Schulze-Delitzsch und Friedrich Wilhelm Raiffeisen waren vor rund 150 Jahren die Motoren für die heute weltweit erfolgreiche Entwicklung. Ausgangspunkt und antreibendes Element ist dabei nach wie vor der Grundsatz der Selbsthilfe.

Die Volksbanken und Raiffeisenbanken sind seit je die Finanzinstitute der Privatwirtschaft mit der höchsten Mitglieder- und Kundennähe. Die dichte Präsenz in Stadt und Land ermöglicht es ihnen, ganz nah am Puls der Wirtschaft zu agieren. Der Dienstleistungsgedanke und die Förderung der Mitglieder aus Handel, Handwerk, Gewerbe und Landwirtschaft sowie der selbstständigen und nichtselbstständigen Kunden stehen im Mittelpunkt ihrer Unternehmensphilosophie. Ganz im Gegensatz zu den Globalisierungstendenzen der Großbanken setzen sie auf die lokale Wirtschaftsförderung und verstehen sich und ihre Kunden deshalb auch zutreffend als „Local Heroes" und nicht als „Global Player".

Mit einem durchschnittlichen Marktanteil von rund 20 Prozent – in den ländlichen Regionen auch wesentlich höher – sind die Volksbanken und Raiffeisenbanken vielfach Marktführer des privaten Bankgewerbes und damit auch für die Zukunft ein Garant für Finanzpartnerschaft vor Ort. Der genossenschaftliche Finanzverbund hilft ihnen dabei.

Auf einen Blick

In der unmittelbaren Nähe zu Mitgliedern und Kunden sehen die Volksbanken und Raiffeisenbanken ihren unverwechselbaren Förderauftrag vor Ort. Die sechs selbstständigen Genossenschaftsbanken der Region Schleswig-Flensburg unterhalten ein dichtes Bankstellennetz an 57 Bankplätzen mit 68 Geldautomaten.

Auch bei den Fachleuten wie diesem Wertpapierteam sind Freundlichkeit und Kompetenz notwendige Qualitäten.

Als Kreditgenossenschaften setzen sie bewusst auf Überschaubarkeit und Mitgliedernähe. Mit dem Slogan „Wir machen den Weg frei", der weit über den Bankensektor hinaus schon Eingang in die Umgangssprache gefunden hat, liegen sie im Bekanntheitsgrad ganz weit oben. Der hohe Marktanteil im Einlagen- und im Kreditgeschäft ist Vertrauensbeweis für Kompetenz in Finanzfragen: Immerhin unterhalten 37 Prozent aller Einwohner im Geschäftsgebiet eine genossenschaftliche Bankverbindung.

Die im Kreis Schleswig-Flensburg und der Stadt Flensburg ansässigen sechs Kreditgenossenschaften, die zum Teil seit über 100 Jahren in der Region tätig sind, verwalten ein Einlagen- bzw. Kreditvolumen in Höhe von jeweils über 700 Mill. Euro bei einer Gesamtbilanzsumme von über 1 Mrd.

Kreis für Dienstleistungen

Euro. Umgerechnet auf die über 25 000 Mitglieder beträgt das durchschnittliche Pro-Kopf-Einlagenvolumen bzw. Kreditvolumen damit rund 30 000 Euro.

Auch die Investitionstätigkeit der hiesigen Volksbanken und Raiffeisenbanken selbst kann sich mit 1,8 Mill. Euro allein im Geschäftsjahr 2003 sehen lassen. Die lokal vergebenen Aufträge sind dabei eine wichtige Stütze der hiesigen Wirtschaft.

Schließlich zählen die Volksbanken und Raiffeisenbanken in der Region auch mit ihren rund 475 Mitarbeitern zu den gefragten Arbeitgebern, die darüber hinaus mit über 50 Auszubildenden einen wesentlichen Beitrag für den Arbeitsmarkt von morgen leisten.

Fortschritt ist für die Kreditgenossenschaften schließlich mehr als nur ein Modewort. Nach der Jahrtausendwende, dem Euro oder der Agenda 2000 zur Agrarreform kommt es auch künftig darauf an, neue Herausforderungen in der Region aktiv anzugehen, um die Entwicklung von Land, Leuten und Wirtschaft maßgeblich zu begleiten. Genossenschaftsbanken sind von jeher in der Region verwurzelt, sie fördern ihre Mitglieder und sind zuversichtliche Schrittmacher auf dem Weg in die Zukunft.

Die VR Bank Flensburg-Schleswig eG mit der Raiffeisen-Passage in der Schleswiger City

Abfallwirtschaft – Bürgernaher Entsorgungsservice mit der ASF

Aksel Busse

Auf einen Blick

Die ASF orientiert ihr Dienstleistungsangebot an den individuellen Bedürfnissen der Bürgerinnen und Bürger. Dabei steht die qualifizierte Beratung und Kundenorientierung an erster Stelle. Mit ihrer Bildungsarbeit in Kindergärten und Schulen sowie thematisch eingegrenzten Projekten und Aktionen setzt die ASF ferner nachhaltige Akzente zum bewussten Umgang mit Abfällen und leistet damit einen wichtigen Beitrag zum Erhalt und Schutz der natürlichen Umwelt.

Der Kreis Schleswig-Flensburg hat als öffentlich-rechtlicher Entsorgungsträger die Aufgabe, die in seinem Gebiet anfallenden Abfälle mit dem Ziel einer am Leitbild der Nachhaltigkeit orientierten Abfallwirtschaft umweltverträglich zu entsorgen. Die Abfallwirtschaft im Kreis zeichnet sich daher durch ein vielfältiges und qualifiziertes Angebot an Entsorgungsleistungen aus, das sich an den Ansprüchen und Bedürfnissen der Bürgerinnen und Bürger orientiert.

Im Jahr 1993 hat der Kreis die Aufgabe der Abfallentsorgung auf die Abfallwirtschaftsgesellschaft Schleswig-Flensburg mbH (ASF) übertragen. Gesellschafter der ASF sind mit 51 Prozent der Kreis und mit 49 Prozent die Service Plus Entsorgung + Umwelt GmbH.

Die Leitlinien der Abfallpolitik werden weiterhin vom Kreistag beschlossen. Das Abfallwirtschaftskonzept, die Abfallwirtschaftssatzung und die Abfallgebührensatzung sind die wichtigsten Vorgaben. Die ASF erarbeitet dazu Empfehlungen und setzt die Vorgaben in praktische Arbeit um.

Die zentrale Aufgabe der ASF besteht in der organisatorischen Durchführung der Abfallwirtschaft und der Umsetzung der abfallpolitischen Ziele des Kreises durch innovative Ideen und Konzepte. Die regelmäßige Abfuhr von Restabfällen und Sperrmüll gehört hierbei ebenso dazu wie die flächendeckende Getrennterfassung von organischen Abfällen über die Biotonne und die Verarbeitung der biogenen Abfälle zu hochwertigem Kompost.

Weitere Angebote wie die getrennte Erfassung und Entsorgung von Elektro- und Elektronikschrott, Kühlgeräten sowie von Problemabfällen dienen ebenfalls dazu, den Restabfall weitestgehend von Schadstoffen und verwertbaren Stoffen zu entfrachten und den verbleibenden Rest umweltverträglich zu beseitigen. Dieser wird in Kooperation mit der Stadt Kiel in dem dortigen Müllheizkraftwerk unter Nutzung der dabei gewonnenen Energie behandelt. Mit der bereits Ende 1996 geschlossenen Kooperation mit der Stadt Kiel hat sich der Kreis aus ökologischen Gründen bereits zu einem sehr frühen Zeitpunkt für eine Ressourcen schonende Entsorgung auf hohem technischem Niveau entschieden und damit die Voraussetzungen für eine langfristige Entsorgungssicherheit geschaffen. Deponien werden aufgrund dieser optimierten Entsorgungsstruktur im Kreis Schleswig-Flensburg nicht in Anspruch genommen.

Während im Kreisgebiet von der ASF beauftragte Unternehmen die Entsorgung von Haushalten und Betrieben übernehmen, führt die ASF diese Aufgabe mit ihrer Tochtergesellschaft, der ASF Logistik, im Stadtgebiet von Schleswig selbst durch.

Im Sinne eines benutzerfreundlichen und serviceorientierten Entsorgungssystems kommt ferner den drei Recyclinghöfen der ASF in Schleswig, Kappeln und Husby eine wichtige Rolle zu. Mittels einer Kooperationsvereinbarung mit der Stadt Flensburg kann ein vierter Recyclinghof in Flensburg von den Bürgern des Kreises ebenfalls mitgenutzt werden. Das Recyclinghofangebot richtet sich an all jene, die dort jederzeit nahezu sämtliche Arten von Wert- und Abfallstoffen ortsnah entsorgen wollen. Vor dem Hintergrund der zunehmenden Kundenfrequenz und -zufriedenheit mit den umfangreichen Entsorgungsmöglichkeiten auf den Recyclinghöfen ist es Ziel, das Angebot an Annahmestellen zukünftig noch zu erweitern.

Kreis für Dienstleistungen

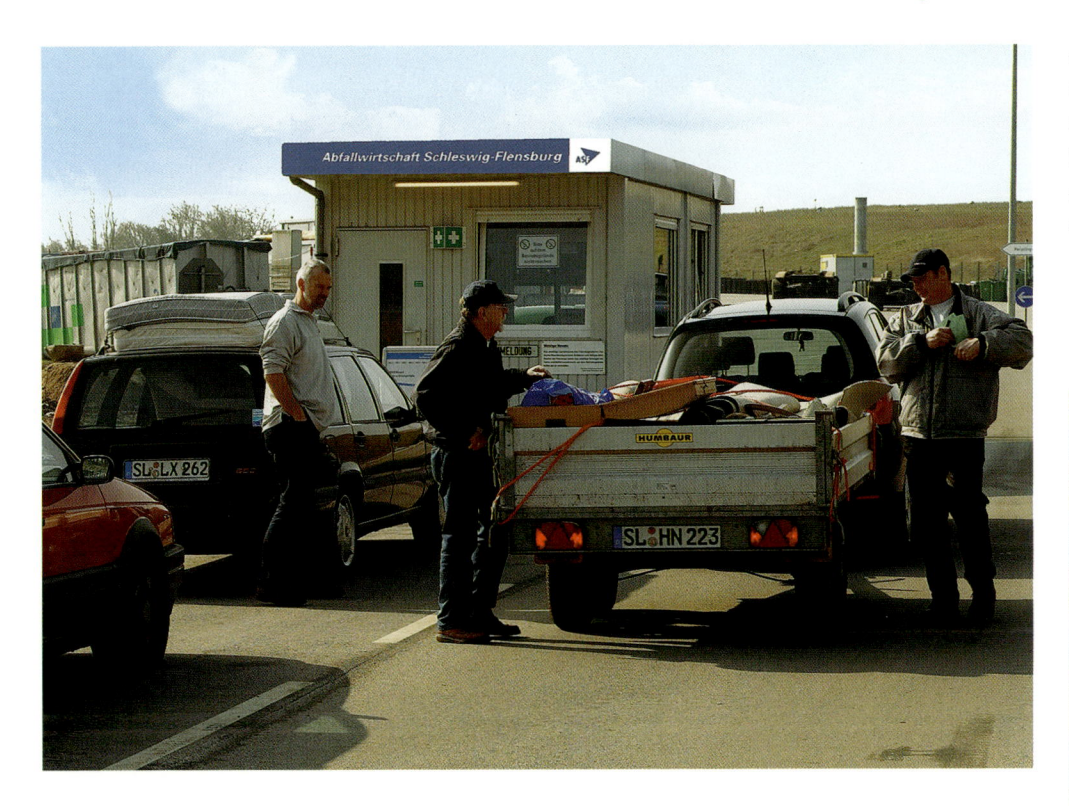

ASF-Recyclinghof Schleswig: eine von vier Annahmestellen für Abfälle und Wertstoffe im Kreis Schleswig-Flensburg

Auf einen Blick

Gründungsjahr:
1993, tätig seit
1. Januar 1994

Gesellschafter:
Kreis Schleswig-Flensburg (51 %)
Service Plus Entsorgung + Umwelt GmbH (49 %)

Aufgaben:
Abfallentsorgung im Kreis Schleswig-Flensburg

Tätigkeitsschwerpunkte:
– Erfassung, Sammlung, Transport und Entsorgung von Restabfällen, Bioabfällen, Sperrmüll, Elektroalt- und Kältegeräten
– Betrieb von Recyclinghöfen
– Mobile Schadstoffsammlung
– Containerdienst
– Kundenberatung und Öffentlichkeitsarbeit
– Gebühreneinzug und -beratung

■ Abfallwirtschaft Schleswig-Flensburg, Schleswig

Wir über uns:
Abfallwirtschaft Schleswig-Flensburg (ASF)

Die Abfallwirtschaftsgesellschaft Schleswig-Flensburg mbH (ASF) ist seit 1994 als Dienstleistungsunternehmen für die Abfallwirtschaft im Kreis Schleswig-Flensburg zuständig. Gesellschafter sind der Kreis Schleswig-Flensburg und die Service Plus Entsorgung + Umwelt GmbH.

Die ASF achtet darauf, dass die ihr überlassenen Abfälle, Schad- und Wertstoffe einer umweltgerechten Verwertung oder Beseitigung zugeführt werden. Für die Ausführung der Arbeiten hat sie eine Reihe von Unternehmen beauftragt. Die ASF stellt damit einen beachtlichen Wirtschaftsfaktor für den Kreis Schleswig-Flensburg dar.

Die Abfallsammlung erfolgt in der Stadt Schleswig durch die ASF Logistik.

Auf einen Blick

Gründungsjahr:
1990
(Rechtsvorgängerin)

Mitarbeiter:
6, da interne Dienstleistungen im Unternehmensverbund erbracht werden

Leistungsspektrum:
– Erschließungs-
  trägerschaften für
  Wohnbaugebiete
– Projektmanagement
– Geschäftsbe-
  sorgungen
– Servicedienst-
  leistungen

Projektstandorte:
im gesamten
Schleswig-Holstein,
davon im Kreis
Schleswig-Flensburg:
– Kappeln
– Kropp
– Satrup
– Norderstapel

■
NORD-direkt GmbH
Neumünster

Erschließung von kommunalen Neubaugebieten zu günstigen Konditionen für die Gemeinden und Bauherren: Das Dienstleistungsangebot der NORD-direkt!

Wir über uns: NORD-direkt GmbH mit ihrer Tochtergesellschaft SCHLESWAG Abwasser GmbH

Die NORD-direkt GmbH mit ihrer Tochtergesellschaft SCHLESWAG Abwasser GmbH präsentiert sich als erfolgreicher Dienstleister, insbesondere für die Kommunen im Land Schleswig-Holstein mit den Tätigkeitsschwerpunkten Baugebietserschließungen, Optimierung der kommunalen Abwasserentsorgung und Projektmanagementleistungen. Sie übernimmt als kommunaler Dienstleister die Aufgaben eines Erschließungsträgers, erbringt planerische Vorleistungen und stellt die Projektfinanzierung sicher. Auch die Vermarktung der erschlossenen Grundstücke erfolgt durch NORD-direkt.

Kreis für Dienstleistungen

Die SCHLESWAG Abwasser GmbH bietet für die Entsorgung von Abwasser wirtschaftliche und umweltfreundliche Lösungen an.

Auch städte- und tiefbauliche Planungsvorleistungen gehören zum Service der NORD-direkt.

In der öffentlichen Abwasserentsorgung werden in Zusammenarbeit mit der SCHLESWAG Abwasser GmbH umfassende Leistungen für wirtschaftliche und umweltverträgliche Lösungen entwickelt und in Partnerschaft mit Städten und Gemeinden umgesetzt. Über 100 Kommunen in Schleswig-Holstein nutzen diese Kooperationsmöglichkeit. Neben dem Projektmanagement für die verschiedenen Bereiche wird diese Dienstleistung an die kommunalen Partner zur Effizienzsteigerung ihrer Schwimm- und Freizeitbadbetriebe angeboten.

Auf einen Blick

Gründungsjahr:
1991

Mitarbeiter:
52

Leistungsspektrum:
- Betriebsführung von Abwasseranlagen
- Projektmanagement
- Wirtschaftlichkeitsuntersuchungen
- Reststoffbehandlung und -entsorgung
- Abwasseranalysen
- Betreuung von Kanalkatastern

Betriebsstätten/ Projektstandorte:
in ca. 100 Städten und Gemeinden in Schleswig-Holstein, davon im Kreis Schleswig-Flensburg
- Kappeln, Arnis, Grödersby, Rabenkirchen-Faulück
- Kropp, Alt Bennebek, Klein Bennebek, Groß Rheide, Klein Rheide
- Satrup, Schnarup-Thumby
- Erfde

■
SCHLESWAG Abwasser GmbH Neumünster

Umweltschonende Energieerzeugung an der Flensburger Förde

Persönliche Beratung der Kunden im Kundenzentrum in der Innenstadt (unten)

Auf einen Blick

Gründungsjahr: 1854

Mitarbeiter: ca. 620

Leistungsspektrum:
– Strom
– Fernwärme
– Wasser

Tochterunternehmen/ Beteiligungen:
– Aktiv Bus Flensburg GmbH
– AWZ Abfallwirtschaftszentrum Flensburg GmbH
– Heizwerk Langballig
– Flensburger Hafen GmbH
– Flensburger Verkehrsservice GmbH
– SEMECO
– IT Power GmbH
– Flensburger Flughafenbetriebsgesellschaft mbH

■
Stadtwerke Flensburg GmbH

Wir über uns: Stadtwerke Flensburg GmbH

Die Geschichte der Stadtwerke Flensburg kann bis in das Jahr 1854 zurückverfolgt werden: Vor genau 150 Jahren begann in Flensburg die Energieversorgung durch die Stadtwerke Flensburg.

Heute präsentieren sich die Stadtwerke Flensburg als ein modernes Dienstleistungsunternehmen, das auf hohem technischem Niveau die Versorgung seiner Kunden – von Süd-Dänemark bis zu den Alpen – mit Strom, Fernwärme und Wasser sicherstellt. Bundesweit wird das Produkt „Flensburg eXtra" angeboten. Und seit Juni 2004 gibt es „Flensburg eXtra öko", das auf 100 Prozent umweltfreundlicher, regenerativer Wasserkraft basiert.

Hinzu kommt ein Leistungspaket, das mit innovativen Lösungen, die weit über die reine Energieversorgung hinausgehen, zu überzeugen weiß. Die Betreuung von Firmen und Filialen im gesamten Bundesgebiet (Bündellieferungen), Contracting, Wärme und Energiedatenmanagement sind nur einige Beispiele für die starke Produkt- und Servicequalität der Stadtwerke Flensburg.

Kreis für Dienstleistungen

Blick vom Gemeindeplatz auf die Mühle Heinrich N. Clausen

Wir über uns:
Heinrich N. Clausen GmbH & Co. KG

Die Heinrich N. Clausen GmbH & Co. KG ist ein innovatives, modernes Unternehmen, das in den Bereichen Mühlenbetrieb (Getreideverarbeitung aus kontrolliert biologischem Anbau), Getreideaufbereitung, -lagerung und -handel, Futtermittelproduktion und Energieversorgung tätig ist.

1894 von Heinrich N. Clausen als Mühlenbetrieb gegründet, stand die Getreideverarbeitung im Vordergrund. Hinzu kamen der Handel mit Getreide, Futtermitteln, Düngemitteln und Brennstoffen. 1904 wurde mit der Stromerzeugung der Aufbau eines neuen Standbeines – des Energieversorgungsnetzes – begründet.

Der Landhandel wurde 1986 abgegeben. Die jüngste Erweiterung des Geschäftsfeldes ist 1999 mit Gründung der Biomasseenergieversorgung (BEVS) Satrup GmbH vorgenommen worden, an der die Firma Heinrich N. Clausen GmbH & Co. KG beteiligt ist und deren Geschäftsführung sie innehat.

Auf einen Blick

Gründungsjahr:
1894, 1904 Grundsteinlegung für die Energieversorgung

Mitarbeiter: 9

Leistungsspektrum:
Biomahlerzeugnisse, Getreidelagerung, Heizöl-Handel, Stromversorgung, Beteiligung an der Biomasseenergieversorgung Satrup (BEVS) und Energie Einkaufs- und Service GmbH

■
Heinrich N. Clausen
GmbH & Co. KG
Satrup

Soziale Vorsorge für Jung und Alt – Im Mittelpunkt steht der Mensch

Lutz-Marko Meyer

Soziale Vorsorge zu treffen ist ein Grundbedürfnis, dem sich der Staat in seinem Stufenaufbau, aber auch jeder einzelne, seinen Möglichkeiten entsprechend, widmet. Insbesondere die Aktivitäten des Staates erfreuen sich besonderer Beachtung weiter Bevölkerungsgruppen, weil durch sie ein erheblicher Teil der Vorsorge in Gesetze einfließt und damit auch die Grundlagen für viele Vorsorgearten, aber auch die Maßnahmen vieler Menschen zur eigenen Absicherung darstellen.

Die Sozialpolitik ist in Deutschland ein traditions- und konfliktreiches Politikfeld zugleich. Der Prozess der sozialen Integration größerer Bevölkerungsgruppen kam bereits in den siebziger Jahren des vergangenen Jahrhunderts weitgehend zum Abschluss. Die Teilnahme weiter Bevölkerungskreise am Wirtschaftswachstum und deren Einbezug in ein umfassendes soziales Sicherungssystem nahm unter den günstigen wirtschaftspolitischen Rahmenbedingungen der zweiten Hälfte des vergangenen Jahrhunderts konkrete Gestalt an. Das System der sozialen Sicherung mit seinen Teilbereichen Vorsorge, Entschädigung, Förderung und Hilfe ist seitdem allein schon aufgrund seines finanziellen Volumens eine der wichtigsten öffentlichen Aufgabenbereiche und – weil augenscheinlich nicht mehr bezahlbar – Gegenstand sozialpolitischer Reformbemühungen. Somit stellt sich die Sozialpolitik als ein von Kontroversen geprägter Aushandlungsprozess dar, in dem sich Bund, Länder und Gemeinden über sozialpolitische Vorstellungen und Kompetenzen sowie die Verteilung von Einfluss und finanziellen Belastungen auseinander setzen.

Der Bund ist bestrebt, bundesweit geltende Normen und Standards zu setzen, während die Kommunen – häufig als Erbringer der Leistungen – speziellen Bedürfnissen und Sonderinteressen Rechnung tragen müssen.

Als originäre Kernaufgaben kommunaler Sozialpolitik gelten die Sozialhilfe, die Kinder- und Jugendhilfe, Maßnahmen zur Unterstützung des Arbeitsmarktes und der Beschäftigung sowie seit dem 1. Januar 2003 die Leistungen nach dem Grundsicherungsgesetz. Neben diesen bedeutsamsten sozialen Aufgaben der Kommunen gibt es noch weitere, die jedoch im folgenden Text dieses Beitrages nicht dargestellt werden.

Alle diese Teilbereiche staatlichen Handels haben letztendlich eine einigende Wurzel: Sie dienen der Vorsorge für Jung und Alt, damit jeder Mensch in der Bundesrepublik eine allgemeine oder auch speziell auf ihn zugeschnittene Förderung erhält, damit er entsprechend seiner persönlichen Möglichkeiten und Fähigkeiten ein Leben aus

Die Versorgung von älteren Menschen soll auch künftig im Kreis Schleswig-Flensburg gewährleistet sein.

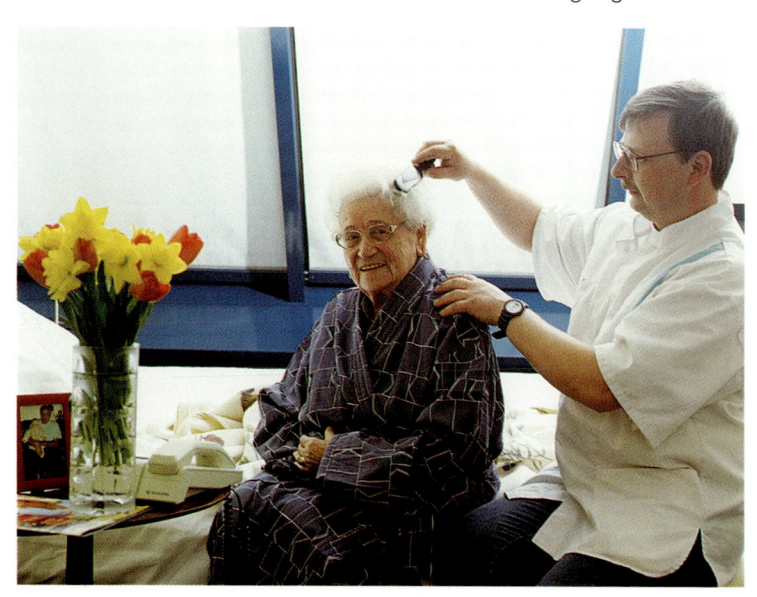

Fortsetzung Seite 124

Kreis für Dienstleistungen

Wir über uns: Jugendhof Taarstedt

Seit nunmehr 30 Jahren wird im Jugendhof Taarstedt (Gemeinde Tolk) gelernt, gearbeitet, getobt und gespielt. Freude und Trauer, Vertrauen und Wut bestimmen den Alltag.

Im Jugendhof Taarstedt erhalten junge Menschen die Gelegenheit, unabhängig von ihrem bisherigen Beziehungsgeflecht, sich selbst und ihren eigenen Weg zu finden. Der Hauptaspekt der pädagogischen und sozialen Arbeit liegt dabei im Identifikationsprozess jedes jungen Menschen mit der Einrichtung Jugendhof, der durch die tägliche Auseinandersetzung mit dem eigenen Handeln in Gang gesetzt wird. Das heißt, der sinnvolle Einsatz für Leben im Hof und den Erhalt des über 300 Jahre alten Gebäudes ist nicht als Arbeitsbeschaffung geplant, sondern soll über die eigene Entscheidung zur Aktivität und Verwurzelung führen. Die Jugendlichen sollen erkennen, was sie geleistet haben, und sie sollen sehen, wozu es wichtig ist.

Selbstverständlich ist dieses Ziel nicht an einen bestimmten Erziehungsstil geknüpft, der im Jugendhof verfolgt wird. Dies würde der Individualität der jungen Menschen auch nicht gerecht werden, aber Grundwerte wie zum Beispiel Toleranz gegenüber anders Denkenden und Aussehenden, Rücksicht gegenüber Schwächeren, Mut und Einsicht, Überwindung eigener Schwächen und eine grundsätzliche Hilfsbereitschaft sind die Basis jeglicher erzieherischer Arbeit.

Auf einen Blick

Gründungsjahr: 1974

Mitarbeiter:
- Heimleiter-Ehepaar/ Sozialpädagogen
- 2 Gruppenerzieher/ innen
- Praktikantin (Erzieherin)
- Mitarbeiterin im freiwilligen sozialen Jahr
- 2 Hausmeister (Tischler, Maler)
- 3 Wirtschafterinnen
- Honorarkraft (Lehrerin)
- Psychologe

Anzahl der Kinder: 10

■

Jugendhof Taarstedt
Arbeitsgemeinschaft Heilpädagogische Initiative e. V., Taarstedt

DRK-Pflegezentrum
Stapelholm in Erfde

Wir über uns: DRK – Helfen ist mehr als nur ein Wort

Mehr als 80 Prozent der Bürgerinnen und Bürger unseres Landes nennen das Rote Kreuz als Antwort auf die Frage, wen sie erwarten, wenn sie in Not geraten sind.

Für alle Gliederungen des Roten Kreuzes gelten die gleichen Grundsätze. In Deutschland ist das Rote Kreuz in 17 Landesverbänden, in mehr als 500 Kreisverbänden und 4000 Ortsvereinen organisiert. Mit 65 Ortsvereinen und

Kreis für Dienstleistungen

rund 11 000 Mitgliedern ist das Deutsche Rote Kreuz flächendeckend im Kreis Schleswig-Flensburg vertreten.

Die Aufgaben des Roten Kreuzes haben sich in den letzten 50 Jahren mit zunehmendem Wohlstand in unserer Gesellschaft verändert. Dennoch besteht für die Ehrenamtlichkeit höchste Priorität. Diese spiegelt sich vor allem in den Aktivitäten der DRK-Ortsvereine wider. Die DRK-Ortsvereine betreuen ältere Menschen in Tanz- und Gymnastikgruppen, bei wöchentlichen Spiel- und Spaßrunden sowie bei Fahrten, aber auch Kinder- und Jugendgruppen. Die Organisation von etwa 100 Blutspendeterminen gehört ebenso dazu wie die Durchführung von Sammlungen und das Vorhalten von Kleiderkammern.

Die Einheiten des Katastrophenschutzes sind jederzeit einsatzbereit und gut ausgebildet. Das DRK führt Erste-Hilfe-Kurse durch, organisiert den Suchdienst, die Kurvermittlung sowie die Erfassung von Personendaten im Großschadensfall durch das Kreisauskunftsbüro.

86 seniorengerechte Wohnungen in Glücksburg

In Glücksburg stehen 86 Wohnungen für ältere Mitbürger in schöner Lage zur Verfügung. Schwerpunkt der Arbeit des DRK-Kreisverbandes sind die hauptamtlichen Einrichtungen, hierzu gehören die Pflegezentren in Glücksburg und Fahrdorf mit je 100 Betten, 10 Kindergärten für 750 Kinder, eine Familienbildungsstätte sowie die Beratung und Betreuung von Familien.

In acht Rettungswachen stehen Rettungsassistenten mit ihren Fahrzeugen rund um die Uhr für die Notfallrettung und für den Krankentransport bereit. Die Tochtergesellschaft des Kreisverbandes ist Träger der Pflegezentren in Erfde, Groß Rheide, Handewitt und Satrup mit insgesamt 200 Betten. Junge Pflegebedürftige und MS-Kranke sowie geronto-psychiatrisch erkrankte Menschen finden ein neues Zuhause in Fahrdorf und Groß Rheide.

Auf einen Blick

Organisation:
– 65 Ortsvereine
– 11 000 Mitglieder
– Kreisverbandsgeschäftsstelle
– 6 Pflegezentren
– 10 Kindergärten
– 8 Rettungswachen
– Sozialpädagogische Einrichtungen

Mitarbeiter: 500

■
DRK-Kreisverband Schleswig-Flensburg e. V.
DRK-Pflegeeinrichtungen Schleswig-Flensburg gGmbH, Schleswig

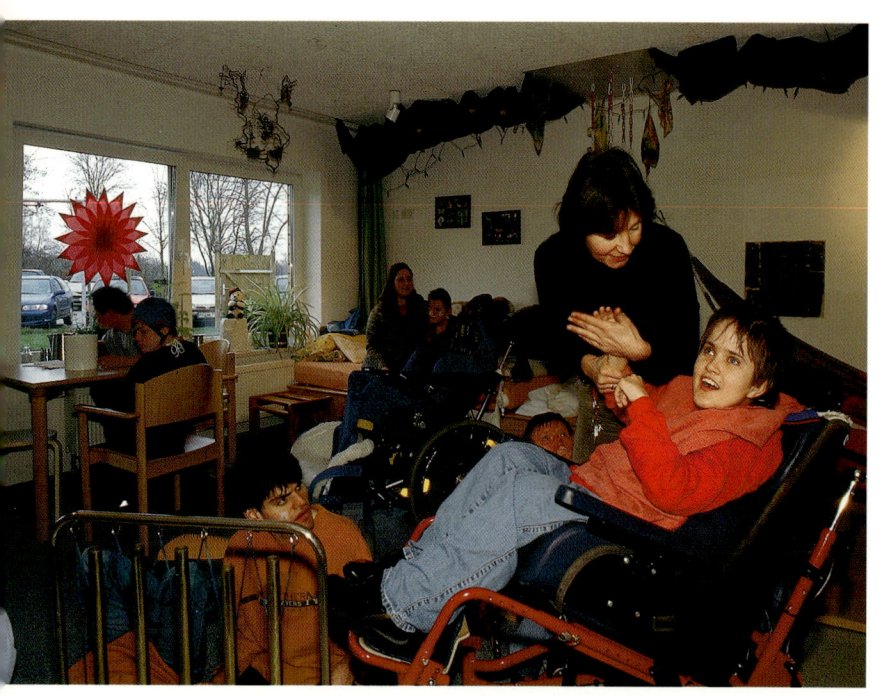

Wir über uns: St. Nicolaiheim Sundsacker e. V.

Die volljährigen Bewohner mit schweren Behinderungen, die nicht werkstattfähig sind, werden in der Tagesstrukturierung betreut, wo sie vorrangig im Bereich der Bewegung und Wahrnehmung eine umfangreiche Förderung erfahren. Psychomotorische und sensomotorische Angebote sowie das Snoezelen und Musik werden von ihnen mit viel Freude angenommen.

Die Kappelner Werkstätten sind eine Einrichtung zur Eingliederung von Menschen mit Behinderung in das Arbeitsleben. Dieser Bereich ist eine anerkannte Werkstatt für behinderte Menschen (WfbM). Durch differenzierte Arbeitsbedingungen und qualifizierte Mitarbeiterinnen und Mitarbeiter werden den Menschen Hilfen zur beruflichen und sozialen Rehabilitation angeboten.

Ergänzend zur Arbeit in den heilpädagogischen Gruppen hält die Einrichtung ein breit gefächertes, gruppenübergreifendes Angebot vor, das sowohl im Freizeitbereich als auch gezielt therapeutisch genutzt wird:
– schulische Vorbereitung für noch nicht unterrichtsfähige Kinder und Jugendliche; Zusammenarbeit mit den zuständigen Schulen
– Einzelmaßnahmen zur Krisenintervention und Unterstützung der Gruppen durch Heilpädagogen
– Voltigieren und Reiten in der Außenstelle „Ponyhof"
– Gärtnern im Hobbygarten und in Gewächshäusern
– Sport- und Schwimmangebote durch die Gruppen
– Segeln und Kanufahren

Im Wohnstättenbereich leben erwachsene Menschen mit Behinderung, die in der Regel tagsüber die Kappelner Werkstätten besuchen. Je nach den eigenen Möglichkeiten, Neigungen und Interessen werden unterschiedliche Wohnformen angeboten: stationäre Wohneinrichtungen sowie angegliederte Trainingswohnungen zur Vorbereitung auf ambulante Betreuungsmaßnahmen.

Auf einen Blick

Gründungsjahr: 1899

Mitarbeiter: etwa 400

Einrichtungen/Dienste:
– Werkstatt für behinderte Menschen
– Werkstatt für psychisch behinderte Menschen
– Integrationsfirma
– Wohnstätten für behinderte Menschen
– ambulant betreute Wohnform für behinderte Menschen
– Wohngruppen mit konzeptionell ausgerichteter Tagesstruktur für schwerst mehrfachbehinderte Kinder, Jugendliche und Erwachsene
– heilpädagogische Einrichtung für Kinder und Jugendliche
– ambulant betreute Wohnformen für Jugendliche und junge Erwachsene
– Heimsonderschule

Angebot:
Durch ein weitgespanntes und differenziertes Angebot der Förderung und Betreuung werden die Voraussetzungen dafür geschaffen, dass Menschen mit Behinderung und Verhaltensauffälligkeiten in jedem Lebensalter und in jeder Lebensphase die Hilfen erhalten, die sie in ihrer Individualität benötigen.

St. Nicolaiheim
Sundsacker e. V.
Kappeln

Auf einen Blick

Der DPWV ist eine Dachorganisation vieler kleiner und großer gemeinnütziger Vereine und Verbände im sozialen Bereich.
In der DPWV-Kreisvertretung Schleswig-Flensburg sind zurzeit 40 Mitgliedsorganisationen vertreten.

■ Deutscher Paritätischer Wohlfahrtsverband Kreisgruppe Schleswig

Wir über uns:
Essen auf Rädern in Schleswig (EaR)

Der Dienst EaR ist eine Einrichtung des Paritätischen Wohlfahrtsverbandes Schleswig-Holstein (DPWV). Er wurde 1978 gegründet und versorgt heute in fast allen Bereichen des Kreises und in Teilen der Nachbarkreise täglich ältere Menschen mit einer warmen Mahlzeit. Im Jahr 2003 wurden insgesamt 137 225 Portionen (Normal-, Diät- und Schonkost) mit elf Fahrzeugen ausgefahren und dabei rund 375 000 Kilometer zurückgelegt.

eigener Schaffenskraft in freier Selbstbestimmung führen kann.

Ohne Zweifel stellt die Sozialhilfe die bekannteste Form dessen dar, was der Staat an Vorsorgemaßnahme für diejenigen bereithält, die sich nicht selbst helfen können oder die die Hilfe nicht von anderen, besonders von Angehörigen oder von Trägern anderer Sozialleistungen, erhalten.

Doch was ist Sozialhilfe eigentlich?

Nach dem Bundessozialhilfegesetz unterteilen sich die Leistungen der Sozialhilfe in existenzsichernde Hilfen zum Lebensunterhalt als unterstes Netz der sozialen Sicherung und in Hilfen in besonderen Lebenslagen, die insbesondere bedürftige alte Menschen betrifft oder auch der sozialen Integration von Behinderten dient. Für die Kommunen stellen diese beiden Hilfearten erhebliche Vorsorgebelastungen dar in dem Bestreben, durch finanzielle Förderung ein weiteres Abgleiten zu verhindern. Der Kreis Schleswig-Flensburg stellte zum Beispiel im Jahr 2003 rund 64 Mill. Euro für die Sozialhilfe zur Verfügung. Die Tendenz ist steigend.

Das Aufgabengebiet Kinder- und Jugendhilfe nach dem Kinder- und Jugendhilfegesetz von 1990 ist besonders von dem Vorsorgegedanken geprägt. Es umfasst Leistungen wie Jugendarbeit, Jugendsozialarbeit und die Hilfen zur Erziehung, aber auch so genannte hoheitliche Aufgaben wie Inobhutnahme, Pflegschaften und Vormundschaften.

Betrachtet man die Kinder- und Jugendhilfe unter Kostengesichtspunkten, so wird deutlich, dass der Anteil der Kosten für Kindertagesstätten an den Gesamtkosten der beteiligten Kostenträger bundesweit circa 60 Prozent der Gesamtausgaben ausmacht. Ein öffentlicher Kindergarten ist bei weitem nicht kostendeckend: In der Regel werden nur 10 Prozent der Kosten durch Gebühren

Fortsetzung Seite 130

Kreis für Dienstleistungen

Auf einen Blick

Gründungsjahr: 2001

Mitarbeiter: 19

Angebot und Ausstattung:
- 23 Einzelzimmer
- 6 Doppelzimmer
- Therapieraum/ Snoezelraum
- Pflegebad
- Speisesaal
- Gemeinschaftsraum
- Fahrstuhl
- Seniorengymnastik
- Frisör- und Fußpflegedienst
- fachärztliche Versorgung
- Krankengymnastik

Wir über uns: Senioren- und Pflegeheim Borgwedel an der Schlei

Wunderschön gelegen zwischen Esphremer Moor und der Schlei, bietet das Haus seinen Bewohnern 23 Einzel- sowie sechs Doppelzimmer für Ehepaare. Alle Zimmer sind mit einer Nasszelle ausgestattet, haben Notrufanlagen sowie Telefon- und TV-Anschluss. Im Erdgeschoss des Hauses befinden sich der Therapieraum, ein großzügiges Pflegebad und der neue Speisesaal. Im Anbau steht den Bewohnern ein großräumiger Fahrstuhl zur Verfügung. Alle Räumlichkeiten im Altbau wurden kürzlich aufwendig modernisiert.

Das gesellige Leben spielt sich zum großen Teil im gemütlichen Gemeinschaftsraum ab. Bei schönem Wetter lädt die Gartenterrasse zu einem Sonnenbad ein. Zum Unterhaltungsprogramm gehören regelmäßige Veranstaltungen und Erlebnisfahrten. Die ärztliche Betreuung ist durch einen wöchentlichen Besuch von Fachärzten und Krankengymnasten gewährleistet. Zusätzlich können die Bewohner an der fast täglich stattfindenden Seniorengymnastik im Haus teilnehmen.

Oberste Priorität und damit Leitgedanke des Hauses ist, dass jede Pflegebehandlung und jedes Pflegeverhalten im zwischenmenschlichen Kontakt stehen. Auf den Bewohner voll und ganz einzugehen, darunter verstehen die Mitarbeiter, dass der Bewohner in allen Situationen und Lebenslagen unterstützt wird, sofern er es nicht selbst kann.

„Hilfe zur Selbsthilfe", das bedeutet, dass der Bewohner durch Mithilfe im Tagesablauf dazu animiert wird, seine Fähigkeiten zu fördern und zu erhalten.

Senioren- und Pflegeheim Borgwedel GbR, Borgwedel

125

Industriemontage: Spaß bei der Zusammenarbeit

Wir über uns: Der Holländerhof in Flensburg

Der Holländerhof, eine Einrichtung des Diakonie-Hilfswerks Schleswig-Holstein, ist mehr als Werk- und Wohnstätten für behinderte Menschen. Er ist Lebensmittelpunkt – und das nicht erst seit gestern. 1964 gegründet, blickt der Holländerhof auf eine mittlerweile 40-jährige Geschichte zurück.

„Gemeinsam statt im Alleingang – Mitmachen, Mitbestimmen, Mitgestalten!" Das ist unser Motto. Die vielfältigen Partizipationsmöglichkeiten innerhalb der Einrichtung haben ein Ziel: Integration! Dazu trägt das einmalig schöne, parkähnliche Gelände der Einrichtung ebenso bei, wie die persönlichen Wohnangebote und die vielfältigen Arbeitsmöglichkeiten.

Je nach Bedürfnis wohnen wir entweder in gemischten Wohngemeinschaften oder selbstbestimmt mit ambulanter, bestärkender Betreuung. So entwickeln sich Freundschaften, Partnerschaften und familienähnliche Strukturen. Das stärkt uns und gibt uns die Sicherheit, mit Mut und Elan am gesellschaftlichen Leben teilzuhaben.

Die bedürfnisgerechten Betätigungsmöglichkeiten in einer der zehn modern ausgestatteten Werkstätten fördern die individuellen Fähigkeiten und schaffen Selbstvertrauen. Egal, ob handwerklich, technisch oder administrativ, gemeinsam finden wir für jeden ein spannendes Betätigungsfeld. Dabei setzen wir auf Zusammenarbeit und arbeiten in Netzwerken. So entstehen zukunftsfähige Produktinnovationen wie zum Beispiel der höhenverstellbare Holländerhof-Tisch. Gemeinsam mit unseren Kunden setzen wir Qualitätsstandards und optimieren Prozessabläufe. Dass das der richtige Weg ist, bestätigen namhafte, zufriedene Kunden – schon über Jahre. Mit Esprit, Kontinuität und Stabilität, sozial und wirtschaftlich, schaffen wir die Voraussetzungen für ein selbstbestimmtes Leben in der Gesellschaft.

Wir leben und arbeiten zusammen – Alt und Jung, Generationen übergreifend.

Nach getaner Arbeit wird ausgeruht.

Kreis für Dienstleistungen

Kaminholzfertigung:
körperlicher Ausgleich
durch schwere Arbeit

Elektromontage:
anspruchsvolle
Aufgaben und
hochprofessionell

Auf einen Blick

Gründungsjahr: 1964

Mitarbeiter: 140

Leistungsspektrum:
- vielfältige Angebote an Arbeitsmöglichkeiten
- Förderung des Übergangs auf den allgemeinen Arbeitsmarkt
- angemessene Entlohnung
- adäquate Wohnangebote
- ambulant betreutes Wohnen
- Seniorenbetreuung
- Freizeitangebote
- qualifizierte, multiprofessionelle Teams
- Werkstattrat und Heimbeirat

Werkstätten:
- berufliche Bildung
- digitale Archivierung/Aktenvernichtung
- Elektromontage
- Förderbereich
- Garten- und Landschaftsbau
- Gravur
- Industriemontage
- Küche und Hauswirtschaft
- Metallbearbeitung
- Wäscherei

Holländerhof
Werk- und Wohnstätten
für behinderte
Menschen, Flensburg

Das privat geführte Heim legt Wert auf eine familiäre Atmosphäre.

Wir über uns: Senioren- und Pflegeheim Luber

An das Pflegemodell von Dorothea Orem hat das Senioren- und Pflegeheim Luber sein Leitbild ausgerichtet. Ein Grundgedanke des Oremschen Pflegemodells ist, die Eigenständigkeit der Pflege zu fördern, indem die tief verwurzelte medizinische Denkweise integriert wird.

Zu den obersten Zielen des Senioren- und Pflegeheims Luber gehört, ein angenehmes, freundliches Miteinander zu pflegen und zu leben. Den Bewohnern soll die Sicherheit garantiert werden, ihr Gleichgewicht zwischen Selbstpflegebedarf und -fähigkeiten zu erhalten.

Das ruhige, vom Ort Kropp fünf Minuten entfernt gelegene Haus bietet 15 Doppel- und 9 Einzelzimmer, die jeweils nach eigenem Wunsch eingerichtet werden können. Haustiere sind im Senioren- und Pflegeheim Luber herzlich willkommen. Auf diese Weise kann die gewohnte Umgebung gewahrt werden. Denn zur Philosophie des Hauses gehört, dass die Bewohner einen angenehmen, friedlichen Lebensabend genießen können, sie bei allen Defiziten Unterstützung finden bzw. die vorhandenen Fähigkeiten erhalten oder gefördert werden.

Auf einen Blick

Gründungsjahr: 1983

Mitarbeiter: 24

Leistungsspektrum:
15 Doppelzimmer
9 Einzelzimmer
Frisör und Fußpfleger kommen ins Haus.

Freizeitangebote:
Singkreis, Spielenachmittage, Gymnastik, Beschäftigungstherapie

■ Senioren- und Pflegeheim Luber
Kropp

Kreis für Dienstleistungen

Das Wohl der Bewohner sowie eine familiäre Atmosphäre haben höchste Priorität: geselliger Spielenachmittag im Haus Holm.

Auf einen Blick

Gründungsjahre:
Haus Holm 2001
Haus Südensee 2002

Leistungsspektrum:
– Haus Holm
  16 Plätze (12 Einzel-
  und 2 Doppelzimmer)
– Haus Südensee
  22 Plätze (10 Einzel-
  und 12 Mehrbett-
  zimmer)
– Freizeitangebot
– Ausflüge
– Beschäftigungs-
  angebot
– Friseur, Fußpfleger
  und Krankengym-
  nasten kommen
  ins Haus
– Arztuntersuchungen
  im Haus

Mitarbeiter:
25, davon
4 Auszubildende

■
Haus Holm
Süderbrarup
Haus Südensee
Sörup

Wir über uns: Haus Holm und Haus Südensee

Im Herzen der schönen Angelner Geestlandschaft im Dreieck Schleswig–Flensburg–Kappeln befinden sich die beiden Alten- und Pflegeheime Haus Holm in Süderbrarup und Haus Südensee in Sörup. Sowohl die Nähe zur Schlei als auch die gute Verkehrsanbindung an Schleswig, Flensburg, Kappeln und Kiel und das rege gesellschaftliche und geschäftliche Leben im Unterzentrum Süderbrarup machen die Lage der Häuser für ein aktives Leben im Alter besonders attraktiv.

Ein gemütliches Heim in familiärer Atmosphäre bieten sowie das Wohl und die Würde der Bewohner wahren, aus diesen Schwerpunkten besteht die Philosophie, die in beiden Häusern gelebt wird. Ein Team aus kompetentem Personal ist dafür täglich mit Engagement im Einsatz.

Während das Haus Holm Platz für 16 Senioren bereithält, finden 22 Senioren im Haus Südensee ein gemütliches Heim. Die hellen, gemütlichen, behinderten- und seniorengerechten Zimmer sind standardmäßig mit Rufanlage, Fernseh- und Telefonanschluss ausgestattet. Das Einrichten der Ein- und Mehrbettzimmer ist den Bewohnern überlassen. Sie brauchen sich auch nicht von ihren liebgewonnenen Haustieren zu trennen: Vögel oder Katzen dürfen mit ihrem Frauchen oder Herrchen einziehen.

Um das leibliche Wohl in beiden Einrichtungen kümmert sich die hauseigene Küche. Die Mahlzeiten werden frisch zubereitet. Neben gutbürgerlicher Küche wird auch individuell auf die Bewohner abgestimmte Diät- und Schonkost geboten.

Der Frisör, die medizinische Fußpflege und die Krankengymnastik kommen direkt ins Haus. Die zehn ortsansässigen Ärzte nehmen regelmäßig Hausbesuche vor.

In einer alten Villa, direkt am See gelegen, ist die Einrichtung Haus Südensee untergebracht.

> **Auf einen Blick**
>
> Ausstattung:
> - 5 Einzelzimmer
> - 9 Doppelzimmer
> - TV- und Telefonanschluss
> - Duschbad und WC

■ Clausens Feierabend Haus Kropp

Wir über uns: Clausens Feierabend Haus

Das Feierabend Haus liegt in unmittelbarer Nähe des Ortskerns der Gemeinde Kropp. Besondere Priorität in der Pflegephilosophie hat die Bewahrung der Würde und Individualität jedes einzelnen Bewohners. Dabei arbeitet ein gut ausgebildetes Team von Pflegerinnen und Pflegern Hand in Hand mit Ärzten und Krankengymnasten.

und 20 Prozent durch Landesmittel gedeckt, die restlichen 70 Prozent müssen die Kommunen aufbringen.

Im Kreis Schleswig-Flensburg stellt sich die Kindergartensituation als äußerst befriedigend dar. Jedem drei- bis sechsjährigen Kind kann ein Kindergartenplatz angeboten werden; die Versorgungsquote beträgt 100 Prozent, mit Stand vom 31. Dezember 2002 sind von 6679 genehmigten Plätzen 6587 belegt.

Die Bereitstellung der Kindergartenplätze, aber auch die Jugendarbeit, die Jugendsozialarbeit und die verschiedenen Hilfen zur Erziehung, die ambulant, teilstationär oder auch stationär erbracht werden können, lassen besonders nachhaltig den Vorsorgecharakter deutlich werden. Nach Paragraph 1 des Kinder- und Jugendhilfegesetzes hat jeder junge Mensch ein Recht auf Förderung seiner Entwicklung und auf Erziehung zu einer eigenverantwortlichen und gemeinschaftsfähigen Persönlichkeit.

Zwar ist die Pflege und Erziehung der Kinder das natürliche Recht der Eltern und die zuerst ihnen obliegende Pflicht. Können die Eltern – aus welchen Gründen auch immer – ihren Pflichten nicht nachkommen, setzt die Kinder- und Jugendhilfe ein. Die Jugendhilfe ist gekennzeichnet durch eine Vielfalt von Trägern unterschiedlicher Wertorientierungen, die die unterschiedlichsten Hilfearten anbieten. So können durch freie Träger und die öffentlichen Träger praktisch alle Leistungen angeboten werden, die das Gesetz in Aussicht stellt.

Ziel all dieser Maßnahmen ist der rechtzeitige Einsatz von Hilfen, um die Entwicklung der Kinder und Jugendlichen so zu fördern, dass das oben beschriebene Gesetzesziel im Interesse der Kinder, aber auch der Allgemeinheit, erreicht wird.

Die Kosten dieser Hilfen sind für den Kreishaushalt ebenfalls eine enorme Belastung. 21 Mill. Euro stehen auf der Ausgabenseite – mit steigender Tendenz. Würden

Fortsetzung Seite 132

Kreis für Dienstleistungen

Wir über uns: Kinderhof Norderfeld

Der Kinderhof Norderfeld ist seit seiner Gründung 1992 eine sich an den Strukturen einer ländlichen Großfamilie orientierende, stationäre Jugendhilfeeinrichtung in privater Trägerschaft.

Gemeinsam mit den Kindern/Jugendlichen leben die Trägerin Gitta Diederichsen (Erzieherin) und Ehemann Klaus Diederichsen (Heilpädagoge) im Haupthaus eines großen ehemaligen landwirtschaftlichen Anwesens. In dem 130 Jahre alten Haus mit rund 640 Quadratmetern Wohnfläche ist u. a. Platz für zehn Einzelzimmer und drei große Gemeinschaftsräume. Im Nebengebäude befinden sich die Wohnung des Großelternpaares, eine Trainingswohnung und ein Gästezimmer. Auf dem Hof gibt es darüber hinaus Werkstätten, Stallungen, zwei Pferde, einen Traktor, eine Spielscheune und 4,5 Hektar Fläche zum Leben und Erleben.

Ziel der Einrichtung ist es, basierend auf den individuellen Möglichkeiten, eine schrittweise Hinführung zur Verselbstständigung in allen relevanten Lebensbereichen bis hin zur Fähigkeit, zu einem selbstständigen Leben oder zur Rückführung in die Herkunftsfamilien.

Aufgenommen werden Kinder und Jugendliche mit

- Verhaltensauffälligkeiten
- Milieuschädigungen
- Entwicklungsstörungen
- Lernbehinderung
- Hyperaktivität
- Aufmerksamkeitsdefizitsyndrom
- Misshandlungen
- starken schulischen Auffälligkeiten.

Beziehungsarbeit (aufbauen von Vertrauen und Verlässlichkeit erfahren), Strukturierung des Tagesablaufes, ein konstruktives Miteinander im Alltag und in der Gruppe leben, Einbindung in das soziale Umfeld sowie die Förderung im schulischen Bereich, Verantwortung üben und eine sinnvolle Freizeitgestaltung sind die Möglichkeiten, die der Kinderhof Norderfeld bietet und seit Jahren erfolgreich umsetzt.

Auf einen Blick

Gründungsjahr: 1992

Trägerin:
Gitta Diederichsen

Mitarbeiter: 6

Leistungsspektrum:
- neben der Hauptgruppe eine Trainingswohnung auf dem Gelände
- ambulante Nachbetreuung

Anzahl der Plätze:
Bis zu 10 Kinder/Jugendliche leben mit der Trägerin und ihrer Familie in einer familienanalogen Gruppe.

Aufnahme:
Kinder/Jugendliche im Alter von 5 bis 16 Jahren nach §§ 23, 34, 35 a KJHG, koedukativ, Probewohnen möglich

Schulische Angebote:
Kindergarten im Nachbarort, Grund- und Hauptschule in Munkbrarup, Förderschule L in Glücksburg, weiterführende Schulen in Flensburg

Sämtliche Schulen sind mit dem Bus zu erreichen.

■

Kinderhof Norderfeld
Dollerup

Rechtzeitig getroffene Vorsorgemaßnahmen ermöglichen ein sorgenfreies Leben im Alter.

allerdings diese Leistungen nicht erbracht werden, wäre der gesellschaftspolitische Aufwand erheblich höher anzusetzen. Aber auch hier geht es um Menschen, in erster Linie um Kinder und Jugendliche. Der Einsatz der öffentlichen Gelder bringt hier reiche Früchte, werden doch in vielen Fällen ganze Lebenswege positiv beeinflusst, sodass die Auswirkungen ein Menschenleben lang Bestand haben.

Die Maßnahmen zur Unterstützung des Arbeitsmarktes und der Beschäftigung leistet der Kreis durch seine Fachstelle für Integration. In enger Zusammenarbeit mit der Kreishandwerkerschaft und dem Arbeitsamt arbeiten in diesem speziellen Bereich acht Mitarbeiterinnen und Mitarbeiter sehr erfolgreich an der Aufgabe, Hemmnisse, die der Vermittlung von Arbeitslosen entgegenstehen, abzubauen und durch geeignete Maßnahmen Langzeitarbeitslose und insbesondere auch Sozialhilfeempfänger für den ersten Arbeitsmarkt vorzubereiten und auch zu vermitteln.

Dieser Tätigkeitsbereich hat sich erst in den letzten Jahren entwickelt und schafft es, jährlich einigen hundert Personen den Ausstieg aus der Sozialhilfe zu ermöglichen. Daneben findet auch eine intensive Schuldnerberatung statt, um auf diese Weise ein gewichtiges Vermittlungshemmnis zu beseitigen und den Betroffenen neue Lebensperspektiven zu eröffnen.

Die neueste Vorsorgeform des Staates stellen seit dem 1. Januar 2003 die Leistungen nach dem „Gesetz über eine bedarfsorientierte Grundsicherung im Alter und bei Erwerbsminderung" dar. Das Gesetz soll sicherstellen, dass Menschen mit geringen Rentenansprüchen nicht mehr auf Sozialhilfe angewiesen sind.

Anspruch haben über 65-jährige und dauerhaft erwerbsgeminderte Personen. Die Höhe der Grundsicherung orientiert sich an der Sozialhilfe. Der Satz für den Haushaltsvorstand beträgt 293 Euro. Dazu kommen eine Pauschale von 15 Prozent und die Kosten für Unterkunft, Heizung und Krankenversicherung.

Das Gesetz bestimmt die Kreise und kreisfreien Städte zu Trägern dieser Sozialleistung. Entsprechend den gesetzlichen Möglichkeiten hat der Kreis einen Teil seiner Zuständigkeiten auf die Städte, amtsfreien Gemeinden und Ämter übertragen. So sind deren Verwaltungen zuständig für alle Leistungsberechtigten außerhalb von Einrichtungen. Die stationär lebenden Personen bleiben in der Zuständigkeit des Kreises.

Mit dieser neuen Leistung scheint auch die letzte Masche im Vorsorgenetz des Staates geschlossen zu sein. Die Grenze des Finanzierbaren ist für viele Kommunen damit überschritten. Die Haushalte werden geprägt durch Defizite, die ihre Ursache häufig in den jährlich steigenden Soziallasten haben. Es wird Aufgabe kommender Jahre sein, den hohen Anteil dieser Aufwendungen an den Gesamtausgaben der Kommunen auf ein finanzierbares Maß zu bringen. Das wird viel Kraft und Augenmaß erfordern, denn – im Mittelpunkt steht der Mensch, ob Jung oder Alt.

Kreis für Dienstleistungen

Auf einen Blick

Gründungsjahr:
1951, Trägerwechsel 1979/2002

Mitarbeiter:
3 pädagogische Fachkräfte
3 Hauswirtschaftskräfte

Leistungsspektrum:
– Private Kinder- und Jugendhilfeeinrichtung mit max. 12 Plätzen, die heilpädagogisch integrativ ausgerichtet sind
– Aufnahme von Kindern und Jugendlichen von 4 bis 14 Jahren mit und ohne Behinderungen

■ **Kinderhaus Sörup**

Im Kinderhaus Sörup erfolgt die Entwicklung junger Menschen ganzheitlich.

Individuelle Unterstützung bei den täglichen Hausaufgaben

Wir über uns: Kinderhaus Sörup

Das Kinderhaus Sörup ist eine private Kinder- und Jugendhilfeeinrichtung mit maximal zwölf Plätzen der stationären Unterbringung.

Aufgenommen werden können Kinder und Jugendliche im Alter von 4 bis 14 Jahren mit und ohne Behinderungen, die heilpädagogisch ausgerichtete Unterstützung benötigen (Wahrnehmungsstörungen, ADS), seelisch behindert oder von einer solchen bedroht sind, Entwicklungsstörungen oder -gefährdungen zeigen sowie gezielte Begleitung in Schule und Freizeit benötigen.

Herz der Einrichtung ist das Ehepaar Stephanie und Thorsten Humburg (Erzieherin und Heilpädagoge), das das Haus führt und dort lebt. Unterstützt von sechs langjährigen Fachkräften im pädagogischen und hauswirtschaftlichen Bereich setzt es sich täglich erfolgreich für die Umsetzung der Grundziele wie

– Stärkung und Entwicklung von Selbstwert
– Erkennung und Nutzen der eigenen Ressourcen
– Erweiterung von Handlungskompetenzen und -mustern
– Entwicklung von Selbstständigkeit

ein. Der Lebensstil der Einrichtung ist, miteinander neue Wege zu suchen und diese ein Stück gemeinsam zu gehen.

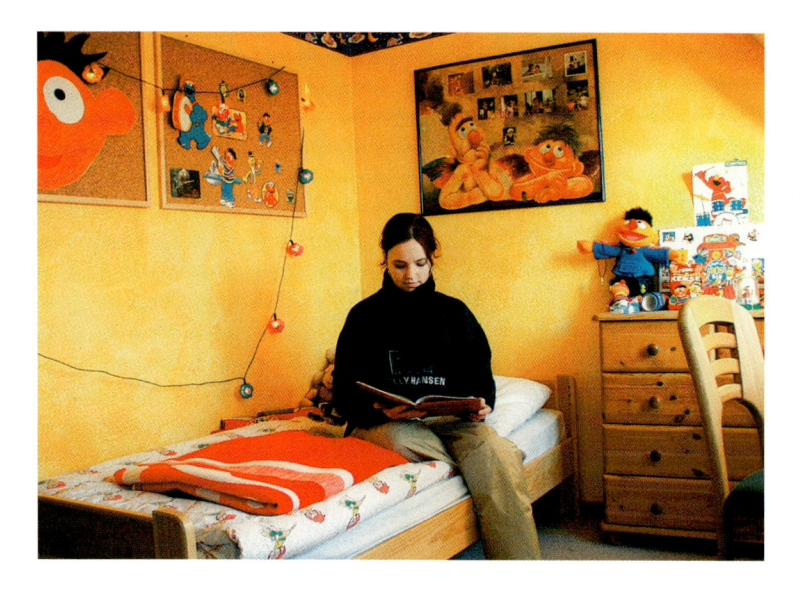

Wir über uns: Kinderhaus Husby

Im alten Dorfkern von Husby befindet sich das 1838 als Bauernhof errichtete Kinderhaus Husby. Seit 1993 ist es eine private Kinder- und Jugendhilfeeinrichtung mit Angeboten der stationären Unterbringung im Kinderhaus am Dorfteich mit familiärer Nähe (12 Plätze).

In der Alten Schmiede (9 Plätze) erhalten junge Menschen seit 1996 in Form einer betreuten Jugendwohngemeinschaft die Möglichkeit zur Weiterentwicklung und Verselbstständigung.

Aufgenommen werden Kinder mit Auffälligkeiten im Verhalten, mit Schul- und Lernschwierigkeiten, mit Missbrauchserscheinungen, emotionalen Störungen sowie seelischen Beeinträchtigungen bzw. Kinder aus problematischen Familienverhältnissen.

Das Leben im Kinderhaus Husby mit familienangelehntem Charakter bedeutet die Begleitung und Unterstützung des Einzelnen in einem strukturierten und überschaubaren Alltag.

Kreis für Dienstleistungen

Grundlegendes Erziehungsziel des Kinderhauses Husby ist die Hinführung zu einer positiven und wertschätzenden Einstellung. Bedingung dafür ist die grundsätzliche Annahme und Achtung des in der Einrichtung lebenden Kindes bzw. Jugendlichen.

Inhalt des pädagogischen Handelns ist die Gestaltung eines verlässlichen und offenen Miteinanders in einem geschützten Rahmen unter Berücksichtigung der persönlichen Beziehungen und der eigenen Ressourcen.

Aufbauend auf die Entwicklung individueller, moralischer und ethischer Normen und Werte soll eine optimale soziale Einbindung in das vorhandene Beziehungsnetz bei der Entfaltung eigener Wünsche und Bedürfnisse erreicht werden.

Erfahrene Pädagogen helfen bei den Schularbeiten.

Ein Hauch von Lagerfeuerromantik: Stockbrotrösten am offenen Feuer

Das Team des Kinderhauses, das von Christine und Reiner Korneffel geleitet wird, besteht aus Diplom-Sozialpädagogen/-innen, einem Betriebswirt, Erzieher/-innen, Lehrer/-innen, Hauswirtschafter/-innen und einem Hausmeister.

Trägerehepaar Christine und Reiner Korneffel

Auf einen Blick

Gründungsjahr: 1993

Platzzahl: 12 im Kinderhaus, 8 im Betreuten Wohnen, 1 für Einzelförderung

Alter: 4–18 Jahre (Ausnahmen möglich)

Betreuungsform: Jungen und Mädchen im Kinderhaus und im Betreuten Wohnen in einer Jugendwohngemeinschaft

Struktur:
– familiennahe Unterbringung
– intensive Schulförderung
– vielfältige Freizeitbeschäftigung
– fördernde Projekte
– Elternkontakte

Kinderhaus Husby
Husby

Wir über uns: Hopeful Hearts GmbH

Hopeful Hearts ist eine Jugendhilfeeinrichtung für Mädchen, die Opfer von Gewalt und Missbrauch geworden sind. Die GmbH „Hopeful Hearts" ist der Träger der Jugendhilfeeinrichtung und gab der alten Schule in Ahneby den Namen „Dat Angelner Deerns Huus Ahneby". In beiden Namen spiegeln sich die wesentlichen Elemente des Hauses wider. Nämlich „Hoffnung und Herz" als Grundsätze der Arbeit und Lebenseinstellung sowie der plattdeutsche Name als Ausdruck der Verbundenheit zur Region Angeln im Norden von Schleswig-Holstein.

Kernpunkt des Betreuungsangebotes ist eine stationäre, therapeutisch angebundene Betreuung für weibliche Kinder und Jugendliche im offenen Rahmen und richtet sich an Mädchen im Alter von 8 bis 18 Jahren, die in einer instabilen Gesamtentwicklung von Missbrauchs- und Gewalterfahrungen betroffen sind und zum Beispiel mehrmonatige Psychiatrieerfahrung haben.

Kreis für Dienstleistungen

Momente des vertraulichen Gesprächs in geschützter und ruhiger Umgebung gehören genauso zum Konzept des Hauses, wie Geselligkeit und gemeinsame Feste im Herzstück des Hauses, dem Kaminzimmer.

Auf einen Blick

Gründungsjahr: 2002

Mitarbeiter/-innen: 13

Betreute Mädchen: 13

Kernpunkte der Arbeit:
– Parteilicher Schutzraum für Mädchen
– Stärkung des Selbstwertgefühls
– Bezugsbetreuersystem
– Schaffung von Therapiemöglichkeiten
– Weibliche Fachkräfte
– Mitarbeit einer Fachärztin für Psychiatrie

■

Hopeful Hearts GmbH
Ahneby

Im ehemaligen Schulgebäude ist seit 1976 eine heilpädagogische Einrichtung zu Hause.

Wir über uns: Alte Schule Bojum – Haus für heilpädagogische Erziehungshilfe

Die 1976 gegründete „Alte Schule Bojum" ist eine stationäre, heilpädagogische Einrichtung der privaten Jugendhilfe und liegt in der Gemeinde Esgrus im Amtsbezirk Steinbergkirche.

Die Institution besteht aus einem ehemaligen Schulgebäude, Baujahr 1928, mit vier Klassenräumen, zwei Lehrerwohnungen und einer Hausmeisterwohnung, auf dessen Gelände Garagen, Geräte-, Fahrrad- und Ponystall mit Heuboden, Hofgarten, eine Pony- und eine Schafkoppel sowie Spielgeräte vorhanden sind. Direkt an das Gelände anschließend befindet sich das „Ohlsenhaus", das Jugendlichen und jungen Volljährigen die Möglichkeit bietet, zunehmend mehr Eigenverantwortung zu übernehmen, um zu einer selbstständigen Lebensführung zu gelangen.

Im gemeinsamen Leben von Kindern und Erwachsenen werden die Kinder, Jugendlichen und jungen Volljährigen dabei unterstützt, zu einer stabilen Persönlichkeit entsprechend ihrer individuellen Möglichkeiten heranzuwachsen. Durch die Orientierung an familiären Strukturen und einem gleichwohl professionellen pädagogischen Umgang sind die dafür geeigneten Lebens- und Entwicklungsbedingungen geschaffen. Damit soll den Kindern/Jugendlichen/jun-

Ein Angebot zur Gestaltung der Freizeit wird sowohl im Haus als auch in örtlichen Vereinen genutzt.

Kreis für Dienstleistungen

Die Förderung der schulischen Lern- und Leistungsmöglichkeiten gehören zu den Zielen des Hauses.

gen Volljährigen geholfen werden, die Folgen ihrer individuellen und sozialen Problemlage zu bewältigen, Selbstbewusstsein, Eigenverantwortung und Selbstständigkeit zu entwickeln.

Die Erwachsenen im Haus bieten Kindern, Jugendlichen und jungen Volljährigen einen verlässlichen und strukturierten Lebensrahmen, die Möglichkeit zur Identifikation und zur sozialen Integration.

Im Tages-, Wochen- und Jahresablauf bilden Strukturen und feste Regeln den Halt gebenden Rahmen. In diesem Zusammenhang wird Handlungssicherheit durch die Ritualisierung von Alltagssituationen wie rechtzeitiges Aufstehen, regelmäßige Essenszeiten und -abläufe, feste Zeiten für die Erledigung der Hausaufgaben usw. entwickelt. Gleichzeitig bestehen innerhalb dieses Rahmens alters- und entwicklungsgemäße Entscheidungs- und Freiräume, die das Übernehmen von Verantwortung für sich und andere sowie die Entwicklung von Selbstständigkeit ermöglichen.

Die Kinder/Jugendlichen/jungen Volljährigen erfahren sowohl eine individuelle fachliche Förderung ihrer Lern- und Leistungsmöglichkeiten im schulischen Bereich als auch im Rahmen einer Ausbildung.

Die Entwicklung im musischen und kreativen Bereich bildet einen weiteren Schwerpunkt.

Auf einen Blick

Gründungsjahr: 1976

Mitarbeiter: rund 10

Gruppe/Plätze/Aufnahmealter:
12 Mädchen und Jungen ab 4 Jahren

Wohnen:
in Einzelzimmern, gemeinsam mit den Trägern der Einrichtung im selben Haus

Ziele: u. a.
– Vertrauen ermöglichen und Beziehungen aufnehmen, eingehen
– Stärkung des Selbstwertgefühls
– Entwicklung von Selbstbewusstsein und Selbstvertrauen
– Entwicklung von sozialer Kompetenz
– Bildung realer Selbsteinschätzung und Realitätssinn
– Vermittlung von Werten und Entwicklung eines Wertesystems
– Schaffen eines strukturierten Lebensumfeldes
– Schaffung individueller Lebensperspektiven

■

Alte Schule Bojum
Haus für heilpädagogische Erziehungshilfe
Esgrus-Bojum

Wir über uns: Die Schleswiger Werkstätten

Behinderte Menschen sind sehr viel mehr einer Kategorisierung ausgesetzt als andere Bürger. Es wird in Krankheits- oder Behinderungsgruppen gedacht und zugeordnet. Dabei führen schon äußere Merkmale oft zu „Schubladendenken".

Behinderungen werden definiert durch die Lebensumstände, die von nicht behinderten Menschen gestaltet werden. Aber Leben mit anderen Funktionen ist nicht mangelhaft, sondern nur anders. Auf dieser gedanklichen Basis arbeiten und wirken die Schleswiger Werkstätten.

Förderbereich

Bewegungsübungen im Wohnbereich

Kreis für Dienstleistungen

In den Werk- und Wohnstätten arbeiten insgesamt 176 hauptamtliche Mitarbeiter und Mitarbeiterinnen. Diese kommen aus den Berufsgruppen des Handwerks und der Industrie (mit sonderpädagogischer Zusatzausbildung) als Fachkräfte zur Arbeits- und Berufsförderung (FAB) oder sind Sozialpädagogen, Heilpädagogen, Ergotherapeuten, Sportlehrer und Erzieher. Sie arbeiten mit fast 500 behinderten Menschen in den verschiedenen Werkstätten zusammen bzw. betreuen 155 geistig und/oder körperlich behinderte Menschen in den Wohnstätten.

Palettenfertigung

Bild unten:
Pulverbeschichtung

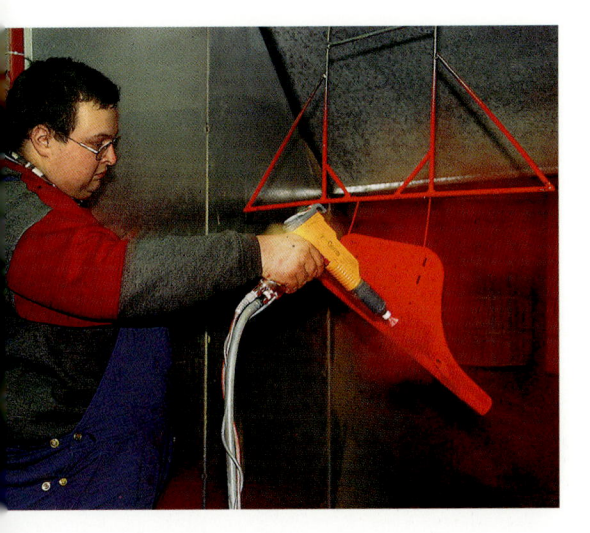

Besonderen Wert legen die Schleswiger Werkstätten auf eine positive und die Kreativität fördernde Arbeitsatmosphäre, in der sich die behinderten Menschen als Persönlichkeit wohl fühlen und gern als Mitarbeiter tätig sein können. In den zurückliegenden 25 Jahren haben dadurch viele Beschäftigte eine starke Bindung zu „ihrer" Werkstatt aufgebaut. Sie wird zu einem stabilisierenden, unabdingbaren Faktor der persönlichen und sozialen Existenz und damit zu einem wichtigen Bestandteil des täglichen Lebens.

Auf einen Blick

Gründungsjahr: 1972

Mitarbeiter: 176

Wohnangebote:
– stationär betreutes Wohnen
– ambulant betreutes Wohnen
– Freizeitangebote

Qualifizierungs- und Arbeitsangebote:
– 2-jährige Berufsbildungsmaßnahmen
– Arbeitsplätze in den Werkstätten

begleitende Angebote wie z. B.
– Sport, Bewegung, Spiel
– Förderkurse (Lesen, Schreiben, Rechnen)
– Chor, Theater
– therapeutische Angebote

Leistungsspektrum:
zahlreiche handwerkliche Dienstleistungen wie Montage, Bootsbau, Fahrradwerkstatt, Holz- und Metallbearbeitung für Industrie/Handwerk und Privat sowie Dienstleistungen im Garten- und Landschaftsbau, Möbel, Spielsachen, Lebensmittel u. v. m.

Träger:
Norddeutsche Gesellschaft für Diakonie e. V.

■
Schleswiger Werkstätten

Blick auf die „Alte Schule Lindau" inmitten der malerischen Landschaft Schleswig-Flensburgs

Wir über uns: Die Alte Schule Lindau

Die „Alte Schule Lindau" ist ein privates Kinderheim und liegt in Schleswig-Holstein in der Landschaft Angeln, direkt an der Schlei (800 Meter entfernt). Entstanden ist die Einrichtung aus der ehemaligen zweiklassigen Dorfschule, die 1978 zu einem Kinderheim umgebaut wurde.

Träger dieses Kinderheims ist das Ehepaar Gerdi und Jan-Peter Hansen. Beide sind seit 1974 in der Heimarbeit tätig. Seit 1. Juli 2004 ergänzt der Sohn Jan Hansen die Heimleitung.

Kindern und Jugendlichen,
– die emotionale und schulische Defizite haben,
– die in einer offeneren Betreuungsform als in der Familie leben müssen,
– deren Probleme und Verletzungen in direktem Zusammenhang mit besonders belastenden Erlebnissen im bisherigen Umfeld stehen,
– die Gewalt- und Missbraucherfahrung haben,
ein vorübergehendes oder dauerhaftes Zuhause zu bieten, gehört zu den Schwerpunkten der „Alten Schule Lindau".

Dabei richtet sich der Umfang der Hilfe nach dem erzieherischen Bedarf im Einzelfall. Ausgangspunkt ist der Hilfeplan des Jugendamtes.

Kreis für Dienstleistungen

Auf einen Blick

Gründungsjahr: 1978

Leistungsspektrum:
– Unterbringungsdauer nach Bedarf
– spannungsfreies Umfeld
– feste Bezugspartner
– Abbau von Schuldefiziten
– sinnvolle Freizeitgestaltung
– professionelle pädagogische Hilfen
– Elternarbeit
– familientherapeutisches Angebot

Ziele:
– sensibilisieren für gesellschaftliche Bedürfnisse
– Rückkehr in die Familie
– Vorbereitung auf ein selbstständiges Leben
– Unterstützung bei der Berufsausbildung und Integration
– Vorbereitung auf eine an Werten orientierte Lebensführung
– Förderung des Sozialverhaltens

Außenwohnungen:
vier kleine betreute Einzimmerwohnungen in Süderbrarup

Gemeinschaft leben – wie hier beim Lagerfeuer – ist eines der Ziele der Einrichtung.

Für das Wohl der Kinder setzen sich neben den Betreibern circa zehn qualifizierte und hoch motivierte langjährige Mitarbeiter und Mitarbeiterinnen ein. Bei pädagogischen, psychologischen und Extremproblemen und regelmäßiger Supervision stehen dem Haus zudem Diplompsychologen sowie bei beratender Elternarbeit eine Familientherapeutin zur Seite.

Alle Kinder und Jugendlichen besuchen die Schulen der Umgebung, mit denen das Kinderheim eine intensive Zusammenarbeit pflegt. Die Freizeitgestaltung, die aus einem vielfältigen hauseigenen Angebot (Spiele, Bolzplatz, Kajaks, Ponys, handwerkliches Tun) und externen Möglichkeiten besteht, geschieht überwiegend selbstständig. Neben dem Stammhaus, in dem Kinder und Jugendliche in einer heterogenen Gruppe leben, existiert eine betreute Außenwohnanlage. In vier Einzimmerwohnungen im acht Kilometer entfernten Süderbrarup leben Jugendliche (mindestens 16 Jahre), die zwar noch im Heimleben integriert sind, aber die selbstständige Bewältigung des Alltags trainieren.

Das Heim ist anerkannter Ausbildungsbetrieb für Hauswirtschaft und berechtigt, den Zivildienst und das freiwillige soziale Jahr durchzuführen.

Alte Schule Lindau
Boren

Krankenhausversorgung mit Niveau

Dieter Staack

Die medizinische Versorgung im Kreis Schleswig-Flensburg sichern modernste Kliniken und Krankenhäuser.

Den Bürgern des Kreises Schleswig-Flensburg stehen im Wesentlichen zwei Krankenhäuser zur Verfügung: das Martin-Luther-Krankenhaus in Schleswig mit 315 Betten (Träger sind der Kreis Schleswig-Flensburg mit 90 Prozent und die Stadt Schleswig mit 10 Prozent) und die Fachklinik Schleswig mit 303 Betten und 35 Tagesklinikplätzen (Gewährträger ist das Land Schleswig-Holstein).

Im Martin-Luther-Krankenhaus übernimmt die Abteilung Innere Medizin neben allgemeininternistischen Aufgaben die schwerpunktmäßige Versorgung von Patienten mit Erkrankungen des Herz- und Kreislaufsystems und bei Krebserkrankungen. Eine Intensivstation ist angeschlossen, ein moderner Linksherzkathetermessplatz steht für Untersuchungen und Behandlungen zur Verfügung.

In der Allgemeinchirurgie werden alle operationspflichtigen Krankheiten behandelt. Überregionale Bedeutung hat die Abteilung in der Behandlung von entzündlichen Darmerkrankungen, speziell des Krebses. Die unfallchirurgische Abteilung bietet stationär und ambulant die operativen und konservativen Behandlungen sämtlicher Extremitäten wie auch bei Brust- und Lendenwirbelsäulenverletzungen an. Die moderne Abteilung für Frauenheilkunde und Geburtshilfe gehört zum Spektrum des Hauses, genau wie die Abteilung für Kinder- und Jugendmedizin für Kinder im Alter bis 18 Jahre.

Belegabteilungen für Hals-Nasen-Ohren-Erkrankungen, Urologie und Kiefer- und Gesichtschirurgie sind vorhanden.

Die Anästhesieabteilung ist zuständig für die ambulanten und stationären Narkosen, für die Überwachung und Therapie auf der operativen Intensivstation und für die Behandlung von Schmerzzuständen.

Die radiologische Abteilung versorgt als Service- und Leistungszentrum für hochspezialisierte Behandlungs- und Diagnostikverfahren alle Kliniken und Ambulanzen des Martin-Luther-Krankenhauses und der Fachklinik Schleswig.

Die Fachklinik Schleswig bietet ambulante, teilstationäre und stationäre Krankenhausversorgung für Menschen jeden Alters

Kreis für Dienstleistungen

Auf einen Blick

Gründungsjahr: 1974

Mitarbeiter: 9

Leistungsspektrum:
- Arzneimittel
- Krankenpflege- und Sanitätsartikel
- Medizintechnik
- medizinische und pflegende Kosmetik
- Stütz- und Kompressionsstrümpfe
- spezielle Rezepturen
- Verleihservice (Milchpumpen, Babywaagen, Inhalationsgeräte)
- Rücknahme alter Arzneimittel

■

Angler Apotheke
Steinbergkirche

Wir über uns: Angler Apotheke

Die Angler Apotheke von Dr. Kai Christiansen zeichnet sich durch einen großzügigen Freiwahlbereich (Kosmetik, Wellness, alles für Mutter und Kind, Zahnpflege, Gesundheitsbücher usw.) und einen umfassenden Sichtwahlbereich mit rezeptfreien Medikamenten aus. Neben einer fachkundigen Beratung bietet die Angler Apotheke zahlreiche Dienstleistungsangebote (Kompressionsstrümpfe, Verleih medizinischer Geräte, Bestimmung von Blutwerten) und einen kostenlosen Botendienst an.

mit psychiatrischen Erkrankungen an. In der Klinik für Psychiatrie und Psychotherapie werden zum Beispiel Psychosen, Abhängigkeitserkrankungen und seelische Leiden behandelt.

Die Klinik für Psychotherapeutische Medizin konzentriert sich auf die therapeutische Teamarbeit, die analytische Gruppentherapie, Verhaltenstherapie und Klinikbehandlung für Menschen mit Angsterkrankungen und Depressionen, mit Trauma-Erfahrung und mit Essstörungen. Die Klinik für Neurologie deckt das gesamte Spektrum der Behandlung akuter neurologischer Krankheitsbilder ab. In der Klinik für forensische Psychiatrie werden Menschen behandelt, die aufgrund ihrer psychischen oder Suchterkrankung straffällig geworden sind.

Im Heimbereich der Fachklinik wohnen Menschen jeden Alters mit geistiger oder seelischer Behinderung und werden dort begleitet, gepflegt und gefördert mit dem Ziel der Wiedereingliederung in die Gesellschaft.

Die Fusion des Martin-Luther-Krankenhauses mit der Fachklinik zum 1. Januar 2005 wird dazu führen, dass den Bürgern des Kreises ein hervorragendes Krankenhausangebot offeriert wird. Das fusionierte Haus wird der größte Arbeitgeber am Ort sein und damit ein wesentlicher Wirtschaftsfaktor. Hierzu wird ein Krankenhausneubau beitragen.

Das psychiatrische Fachkrankenhaus Kropp hat zwei Abteilungen und eine Tagesklinik. Es bietet vor allem für ältere Menschen individuelle Therapieprogramme in einer persönlichen Atmosphäre.

Die Margarethen-Klinik in Kappeln wird in privater Trägerschaft betrieben und verfügt über 32 chirurgische sowie zehn gynäkologische Betten. Sie dient der Erstversorgung von Schwerverletzten und der sonstigen ambulanten und stationären Notfallversorgung.

Die Parkklinik in Glücksburg ist eine Belegklinik mit den Disziplinen Chirurgie, Gynäkologie und Geburtshilfe, Hals-Nasen-Ohren-Krankheiten und Urologie.

■

Auf einen Blick

Gründungsjahr: 1890

Mitarbeiter: ca. 640

Leistungsspektrum:
- Allgemeinchirurgie
- Unfallchirurgie
- Innere Medizin
- Frauenheilkunde, Geburtshilfe
- Kinder- und Jugendmedizin
- HNO
- Urologie
- Anästhesie und Intensivmedizin
- Radiologie

Medizinische Funktionsabteilungen:
Apotheke, Dialyse, Physikalische Therapie, Linksherzkathetermessplatz, Zentrallabor, Sozialdienst

■
Martin-Luther-Krankenhaus Schleswig GmbH
Schleswig

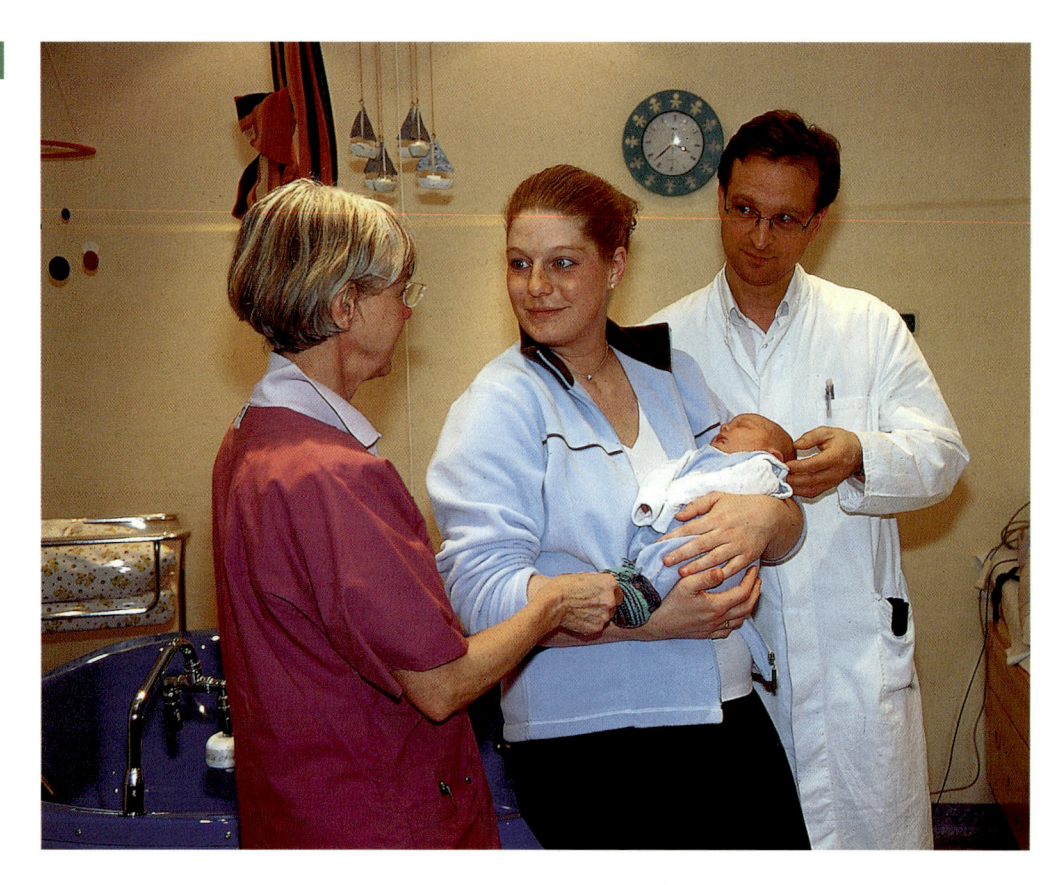

Neben fachlicher Qualifikation zeichnet die Klinik ein hohes Maß an menschlicher und sozialer Kompetenz aus.

Wir über uns:
Martin-Luther-Krankenhaus Schleswig

Der Mensch als Patient, Angehöriger, Besucher oder Partner des Hauses steht im Martin-Luther-Krankenhaus Schleswig im Zentrum des Handelns. Ein qualifiziertes Mitarbeiterteam, das über ein hohes Maß an menschlicher und sozialer Kompetenz verfügt, nimmt täglich die Chance und die Herausforderung an, diese Philosophie erfolgreich in die Praxis umzusetzen.

Die Einrichtung ist ein Krankenhaus der Schwerpunktversorgung mit 315 Betten in acht Abteilungen und einer ambulanten Behandlung von jährlich rund 15 000 Patienten. Zudem ist es Akademisches Lehrkrankenhaus der Christian-Albrechts-Universität zu Kiel.

Neben dem medizinischen Leistungsspektrum bietet das Krankenhaus einen umfassenden Pflegedienst an. Auch hier steht der Patient im Mittelpunkt des Denkens und Handelns.

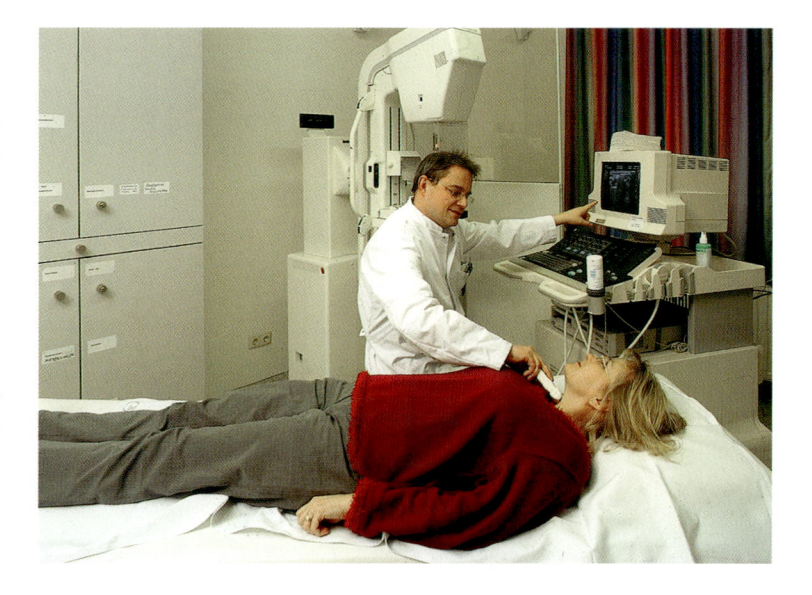

Modernste Geräte gehören zum Standard des Krankenhauses.

Kreis für Dienstleistungen

In der Fachklinik Schleswig steht der Mensch ganzheitlich im Mittelpunkt.

Wir über uns:
Fachklinik Schleswig, Kliniken & Heime

Auf die Behandlung von körperlichen und psychischen Erkrankungen ist die Fachklinik Schleswig, Kliniken & Heime spezialisiert. Sie bietet mit ihrem Angebot, dem hohen medizinischen, psychiatrischen und psychotherapeutischen Standard, intensive und persönliche Hilfen zur Gesundung und zur Vorbeugung unter Berücksichtigung des jeweiligen Lebensraumes. Die medizinischen Fachteams in den Praxen und Ambulanzen behandeln sowohl Kinder, Jugendliche als auch Eltern und Erwachsene bis ins hohe Lebensalter.

Um Menschen mit geistiger oder/und seelischer Behinderung sowie um chronisch Abhängigkeitserkrankte dreht sich alles in den Einrichtungen des Heimes Hesterberg & Stadtfeld. Hier liegt das Hauptaugenmerk auf der Unterstützung und Förderung der eigenständigen und selbstbestimmten Lebensführung der Patienten. Dafür ist ein hoch qualifiziertes Fachteam in unterschiedlichen Bereichen im Einsatz.

Die Patienten können Wohn-, Pflege-, Förderungs- und Betreuungsleistungen sowie Beschäftigungs- und Arbeitsmöglichkeiten nutzen.

Auf einen Blick

Kliniken:

Klinik für Psychiatrie und Psychotherapie
– Allgemeinpsychiatrie
– Suchtmedizin
– Gerontopsychiatrie
– Tagesklinik
– Institutsambulanz

Klinik für Kinder- und Jugendpsychiatrie und Psychotherapie
– Tagesklinik (Baumhaus)
– Institutsambulanz

Klinik für Psychotherapeutische Medizin, Klinik für Neurologie, Klinik für Forensische Psychiatrie, Schmerzambulanz, Praxis für Physiotherapie, Praxis für Ergotherapie, Wissenschaftliche Publikationen

Heime:

Hesterberg & Stadtfeld Heilpädagogikum
Heim für seelisch Behinderte, Bereich für abhängigkeitskranke Menschen
Förder- und Fachdienste
– Förderbereiche, Arbeits- und Beschäftigungsbereiche
– Fachdienste
– Tagesförderstätte
– Fachpflege Mühlenredder

■
Fachklinik Schleswig Kliniken & Heime Schleswig

Tourismus „grenzenlos" – Stabiler Wirtschaftsfaktor zwischen Ostseeküste, Binnenland und Schlei

Sonja Köntges

Die Hanseatische Yachtschule Glücksburg ist die traditionsreichste und größte Yachtschule Deutschlands.

Die Anfänge des Tourismus im Kreisgebiet wurden 1872 mit der Anerkennung des Seebads und den Badeeinrichtungen in Glücksburg geschaffen. Damals kamen schon rund 2500 Gäste pro Jahr. Viele örtliche Fremdenverkehrsvereine an Förde, Schlei und im grünen Binnenland entstanden zwischen 1950 und 1960 und ließen eine ganze Region entstehen, die vom Tourismus geprägt ist. Im gesamten Kreisgebiet ist die Gästezahl heute auf ein Niveau geklettert, auf das Schleswig-Flensburg mit Stolz blicken kann, allein im gewerblichen Bereich sind es über 270 000 Urlauber.

Was macht den Kreis Schleswig-Flensburg so anziehungsstark? Die Nähe zu Dänemark und die vielen Bezüge zur Wikingerzeit unterscheiden ihn von vielen anderen Kreisen. Die Landschaft ist äußerst vielfältig und attraktiv: Das Naturschutzgebiet der Geltinger Birk lädt zur Umrundung zu Fuß oder per Fahrrad ein, ob Kurstrand in Glücksburg oder Naturstrand an der Flensburger Förde, die Badestellen an der Schlei, die Flusslandschaft der Treene und Eider – die intakte und attraktive Natur ist eine unabdingbare Voraussetzung für Urlaubsqualität. Segler, Kitesurfer, kleine und große Reiter, Angler oder Golfer können in herrlicher Umgebung ihren Aktivitäten nachgehen.

Den mobilen Gästen bieten sich zahlreiche Ausflugsziele in und um den Kreis Schleswig-Flensburg an, dazu gehören die Stippvisite in Husum, im Legoland, an der nahen Nordseeküste ebenso wie der Besuch Kappelns, des Wikinger Museums Haithabu und die Erkundung der archäologischen Schätze entlang des Ochsenwegs. Von Wikingerkultur bis Wellness hat das Kreisgebiet viel zu bieten, was das Urlauberherz höher schlagen lässt.

Mit großem Engagement werden für Gäste und Kreisbewohner vielfältige Veranstaltungen angeboten: die Nachtwanderung

Fortsetzung Seite 151

Kreis für Ferien und Freizeit

Auf einen Blick

Gründungsjahr:
- Ferienbetrieb seit 1967
- Seminarbetrieb seit 1995

Angebotsspektrum:
- Ferienwohnungen und -apartments
- Seminarraum (80 m²) mit kompletter technischer Ausstattung vom Diaprojektor bis zum Videobeamer
- Reitanlage mit Halle, Reitpferden und Ponys sowie Reitunterricht

■

Familie Ruhe
Ferien- und Seminar-Hof Oster-Bunsbüll
Havetoftloit

Wir über uns: Familie Ruhe, Ferien- und Seminar-Hof Oster-Bunsbüll

Im Herzen Angelns, abseits von Lärm und Hektik, liegt der Ferien-, Seminar- und Reiter-Hof Oster-Bunsbüll. Seine Entstehung geht bis auf das Jahr 1771 zurück.

Vor über 35 Jahren baute Familie Ruhe den Hof zu einem Feriengastbetrieb um, der auf Kreisebene mehrfach prämiert und auf Bundesebene 2002 als DLG-Ferienhof des Jahres ausgezeichnet wurde. Heute präsentiert sich der Hof zusätzlich als idealer Ort für Tagungen, Seminare und Workshops mit gastronomischem Komplettservice.

Inspiration und Erholung findet der Gast bei Spaziergängen in den unmittelbar am Hof liegenden Erholungs- und Naturschutzgebieten sowie beim Reiten mit Ponys, rassigen Holsteinern oder stattlichen Friesen.

Strand Holnis mit Blick auf die dänische Küste

Wir über uns:
Strandservice Festersen

Glücksburg ist stolz auf seinen herrlichen Strand, an dem man mit Baden oder Tauchen Aktivität in seine Urlaubstage bringen kann. Für Segler ist die Flensburger Förde ein begehrtes Revier, und die „Dänische Südsee" beginnt gleich vor der Tür.

Während der Strand Sandwig in einer halbmondartigen Bucht im Glücksburger Kurzentrum liegt, mit seinem traumhaft weißen Kreidesand, zieht sich der Strand Holnis fast um die gesamte Halbinsel herum. Der 2,3 Kilometer lange Sandstrand mit Blick auf die dänische Ostseeküste bietet Vielfalt für die Ferien. Durch seinen Flachwasser-Bereich ist er auch besonders gut für Kinder geeignet.

Zunächst mit der Vermietung von Tretbooten hat der Strandservice Festersen die Bewirtschaftung der Strände bereits 1996 übernommen. Seit März 2002 bewirtschaftet das Unternehmen auch den Strand Glücksburg-Holnis sowie seit März 2004 den Strand Glücksburg-Sandwig.

Zwei fest Angestellte und in der Saison 45 Aushilfskräfte sorgen dafür, dass es Gästen in den Ferien an nichts fehlt. Das Angebot reicht in Holnis von der Getränke- und Imbiss-Versorgung durch die Strandterrasse und einer Surfschule sowie an beiden Stränden über die Vermietung von Tretbooten, -mobilen, Surfbrettern und Strandkörben bis hin zur Abwicklung der Strandgebühren im Auftrag der Stadt Glücksburg und der individuellen Betreuung der Strandgäste.

Ständige Erweiterungen und Neuerungen an den Ständen gehören ebenfalls zum Dienstleistungsprofil des Unternehmens.

Auch die Vermietung von Tretmobilen gehört zum Service.

Auf einen Blick

Gründungsjahr:
seit 1996 Tretbootvermietung, seit 2002 Strandservice Festersen (Bewirtschaftung Strand Glücksburg-Holnis), seit 2004 Übernahme des zweiten Strandes (Bewirtschaftung Strand Glücksburg-Sandwig)

Mitarbeiter:
2 fest Angestellte sowie 45 Aushilfen in der Saison

Leistungsspektrum:
Die gesamte Bewirtschaftung der Strände wie u. a.
– der Betrieb einer selbst erbauten Strandterrasse mit dem Verkauf von Eis, Getränken, Hotdogs u. v. m.
– Surfschule
– Vermietung von Tretbooten, Tretmobilen (Fahrräder für sechs Personen), Surfbrettern sowie demnächst auch Segelbooten
– Vermietung von Strandkörben
– Strandgebührenabrechnung im Auftrag der Stadt Glücksburg
– Strandreinigung
– Betreuung der Strandgäste

Strandservice
Jan-Hauke Festersen
Glücksburg

Kreis für Ferien und Freizeit

Romantische Abendstimmung an der Ostsee

im Maislabyrinth, das Hoffest, die Ostseeforscher am Strand als naturerlebnisorientierte Familienunternehmung, die Kinderolympiade, die geführte Rad- oder Wandertour, das Feuerwerk an der Förde oder die Wikingertage – so präsentiert sich eine lebendige Urlaubsregion. Hier wird viel Wert auf Authentizität gelegt, sodass der Kreis von den Problemen des Massentourismus verschont ist.

Alle diese Elemente bilden zusammen das bemerkenswerte touristische Potenzial des Kreises Schleswig-Flensburg, was sich in den Ausgaben der Gäste wirtschaftlich manifestiert. Zwischen 30 und 70 Euro werden pro Tag und Gästegruppe ausgegeben, sodass eine Größenordnung von 200 Mill. Euro pro Jahr als touristischer Umsatz entstanden ist.

Der größte Teil davon wird für Übernachtungen gezahlt. Ein breites Angebot steht den Gästen zur Verfügung, von herrlich gelegenen Campingplätzen mit Förde- oder Schleiblick, Jugend- und Heuherbergen, vielen liebevoll gestalteten und gemütlichen

Die Kurpromenade im Ostseebad Glücksburg

Auf einen Blick

Angebotsspektrum:

– 44 Betten

– 80 Restaurantplätze

– Fischspezialitäten

– Hallenbad

– Leihfahrräder

– spezielle Arrangements auf Anfrage usw.

■ Hotel Strandhalle
Schleswig

Wir über uns: Hotel Strandhalle

Seit vier Generationen in Familienbesitz, gehört das Ringhotel Strandhalle, direkt an der Schlei gelegen, zu den ersten Häusern in Schleswig. Seine idyllische und maritime Lage am Yachthafen lädt zum Genießen, Wohlfühlen und Entspannen ein. Selbstverständlich arrangiert das Hotel auch Tagungen, Seminare und Feierlichkeiten privater oder geschäftlicher Art. Auch als Ausgangspunkt für Ausflüge in die reizvolle Umgebung ist das Hotel Strandhalle die richtige Adresse.

Gepflegte Golfplätze in reizvoller Landschaft bieten Abwechsung und Entspannung.

Kreis für Ferien und Freizeit

Privatquartieren über Quartiere auf dem Bauernhof bis zu Schleswig-Holsteins herausragenden Hotels gehobener Klasse, wie dem Alten Meierhof/Vitalhotel. Überall – unabhängig von Geldbeutel und Wahl des Quartiers – treffen die Gäste auf freundliche Gastgeber, denen Service und Qualitätsbewusstsein Selbstverständlichkeiten sind.

Es gibt rund 300 gewerbliche Beherbergungsbetriebe, die zusammen mit den Privatvermietern fast 15 000 Betten bereithalten. Pro Jahr werden etwa 1,4 Millionen Übernachtungen gezählt. Die Hauptgästegruppen sind Radfahrer, Familien mit Kindern und der Personenkreis „50+". Ein großer Teil der Besucher stammt aus Nordrhein-Westfalen.

Ein ebenso konstantes wie attraktives Merkmal unserer Region ist ihre ländliche Struktur, die für Urlauber aus Ballungsräumen wie dem Ruhrgebiet eine sehr willkommene Abwechslung bietet. So entwickeln sich besondere Urlaubserlebnisse, wie zum Beispiel das des Kindes während eines Urlaubs auf dem Bauernhof: Es durfte beim Melken im Stall zugucken und rief nach dem Landwirt: „Du, komm' mal schnell – der Kuh sind die Euter abgefallen!" Es hatte beobachtet, wie die Melkmaschine vom Euter der Kuh rutschte. So runden Kuhställe, die Weite der Landschaft, die frische

Die Ostseestrände sind beliebtes Ziel von Gästen aus nah und fern.

Reiterferien im Kreis Schleswig-Flensburg

Auf einen Blick

Der Kreis Schleswig-Flensburg verfügt über ein bemerkenswertes touristisches Potenzial. Die abwechslungsreiche Landschaft, sehenswerte Schlösser und Herrenhäuser, historische Bauerndörfer und traditionsreiche Städte, ein vielfältiges Freizeit- und Gastronomieangebot sowie die freundlichen Menschen laden ein zu Ferien ohne Grenzen.

153

Auf einen Blick

Gründungsjahr: 1964

Lage: Geltinger Bucht

Gesamtfläche: 3,5 ha

Stellplätze:
215 Dauercamper
20 Feriengäste

Ausstattung:
DTV 3 Sterne,
separate Bäder,
Waschmaschine,
Trockner

Angebot:
u. a. Bootsvermietung,
Gaststätte, Kiosk,
Sauna, Solarium

■

Campingplatz
Steinberghaff
Steinberg

Reizvolles Urlaubs- und Ausflugsziel: Der Campingplatz Steinberghaff liegt an der Geltinger Bucht.

Wir über uns: Campingplatz Steinberghaff

Rund dreieinhalb Hektar groß ist der 1964 gegründete Campingplatz Steinberghaff. Direkt an der Geltinger Bucht an einem Naturstrand gelegen, zählt er zu den schönsten an der Ostsee.

Gästen stehen auf dem Campingplatz das ganze Jahr über sowohl ein ruhiger, familienfreundlicher Bereich mit 235 Stellmöglichkeiten als auch eine kleine Zeltwiese zur Verfügung.

Zu den vielfältigen Freizeitmöglichkeiten zählen u. a. Wassersport, Radfahren, Moorwandern, Sauna und Solarium, Fitness, Bootsfahrten, Besichtigungen und Begehungen.

Brise und das Wolkenspiel den Kontrast zum Stadtalltag ab.

Neben den Übernachtungsanbietern profitieren die Bereiche Gastronomie, Verkehr, Einzelhandel, Dienstleistungen und Freizeit von den Gästen. Ob Fischrestaurant, Schleischifffahrt, Supermarkt, Frisör oder Sportanlage – der Tourismus trägt einen erheblichen Teil zur Wertschöpfung und Beschäftigung in diesen Wirtschaftszweigen bei. Seine positive Entwicklung in Schleswig-Flensburg ist auch das Ergebnis einer großen kooperativen Leistung. Gastgeber, Gastwirte, Dienstleister, Kommunen, Tourismusvereine und Kreis wirken zusammen, um die Gästewünsche zu erkennen und zu erfüllen. In überregionalen Kooperationen des Kreises Schleswig-Flensburg mit der Stadt Flensburg, Sønderjylland oder der Tourismusagentur Schleswig-Holsteins wird das touristische Angebot ausgebaut und vermarktet. Die Mitgliedschaften des Kreises in den zwei Regionalverbänden Binnenland Schleswig-Holstein sowie dem Ostseebäderverband sorgen für effiziente Vermarktung und Innovationen, wie zum Beispiel der Online-Buchungsmöglichkeit.

Statistisch weder in Cent, Euro noch Prozent erfasst, aber dennoch von großem Wert sind indirekte Effekte des Tourismus, wie zum Beispiel zahlreiche private Investitionen in Ferienwohnungen und Hotels, die u. a. dem ortsansässigen Handwerk zugute kommen. Viel Kreativität und Bewusstsein wird in das örtliche Erscheinungsbild gesteckt, angefangen vom üppigen und liebevoll gepflegten Bauerngarten bis zum Bootsanleger. Viele öffentliche Investitionen in die touristische Infrastruktur – von Radwegen und Beschilderungen bis zur Strandreinigung – schaffen auch für die Bürger der Region eine hohe Lebens- und Freizeitqualität.

Damit schließt sich der wirtschaftliche Kreislauf, denn die hohe Lebens- und Freizeitqualität lässt sich zusätzlich als positives Image für den Wirtschaftsstandort Schleswig-Flensburg nutzen. ■

Mit dem Rad durch das Land

Bernd Blohm

Unsere Region ist schon durch die vorhandene Topographie ein echtes Radlerparadies: eine leicht hügelige, vielfältige und anmutige Landschaft, die durch zahlreiche Knicks dem Radler Schutz vor Wind und Wetter bietet. In Schleswig-Holstein ist der Kreis Schleswig-Flensburg mit seinem Bestand an Radwegen Vorbild: 85 Prozent der Bundesstraßen und 50 Prozent der Landes- und Kreisstraßen werden durch Radwege begleitet.

Die vorausschauende Planung berücksichtigt die Bedürfnisse des Alltagsverkehrs ebenso wie die Wünsche des Freizeitradlers oder Touristen. Ein Erfolg dieser Planung ist die deutliche Zunahme des Radverkehrs beim Weg zur Arbeitsstätte, häufig in Kombination mit dem öffentlichen Personennahverkehr oder Pkw. Auch als gesunde Freizeitgestaltung nutzen die Einwohner des Kreises vermehrt das Radfahren.

Im Freizeitbereich bietet unsere Region einmalige Kombinationen. So nehmen nicht nur alle Linienbusse der Verkehrsgemeinschaft Schleswig-Flensburg, sondern auch alle Fahrgastschiffe der Schlei Fahrräder mit. Die Radfahrer können sich interessante Touren zusammenstellen: zum Beispiel eine Tagestour ab Schleswig gegen den Wind per Schleidampfer nach Kappeln, und dann die Genusstour mit Rückenwind entlang der Schlei durch die Landschaft Angeln zurück zum Ausgangspunkt.

An „Gelegenheitsradler", ob Einheimische oder Gäste, richtet sich das Angebot von 50 Tourenvorschlägen. Zwischen 15 und 40 Kilometer lang sind diese ausgeschilderten und durch umfangreiches Karten- und Informationsmaterial begleiteten

Auf einen Blick

Gründungsjahr: 1999

Leistungsspektrum:
- Gastraum im Mühlenturm für bis zu 30 Gäste
- Clubraum für bis zu 40 Gäste
- Saal für Hochzeiten, Familienfeste aller Art, Tagungen und Seminare
- 2-/3-Bett-Zimmer im angrenzenden Hotel

■

Hotel-Restaurant Westerholzmühle
Westerholz

Gemütlich essen und vieles mehr: Die Westerholzmühle bietet gastliche Möglichkeiten.

Wir über uns: Hotel-Restaurant Westerholzmühle

In der historischen Westerholzmühle „Steinadler" (erbaut 1876), befindet sich ein Hotel-Restaurant der besonderen Art. Es bietet u. a. einen gemütlichen Gastraum, ein Clubzimmer sowie einen Saal, der sich für unterschiedlichste Feste, Tagungen und Seminare nutzen lässt.

Das in unmittelbarer Nähe der Mühle gelegene Hotel hält behagliche 2-/3-Bett-Zimmer mit eigener Terrasse und komfortabler Ausstattung bereit. Eine kompetente Adresse ist die Mühle auch, wenn es um die Gestaltung des wichtigsten Tages im Leben geht. Hier lässt sich der Bund fürs Leben in der romantischen Atmosphäre des Mühlenturms schließen. Für die gepflegte Gastlichkeit in stilvollem Rahmen rund um die Hochzeitsfeier sorgt das Mühlenturm-Restaurant.

Reizvolle Strecken mit viel Sehenswertem am Wegesrand erwarten den Radtouristen in der Ostseeregion.

Routen. Viel Wert wurde auf „Sehenswertes am Wegesrand" (Feldsteinkirchen, Heimatsammlungen usw.) gelegt.

Ein besonderes Erlebnis ist eine Radtour auf dem Ostseeküsten-Radweg. 80 der insgesamt 452 Kilometer verlaufen durch unsere Region. Von der dänischen Grenze bis nach Kappeln führt dieser ausgeschilderte Weg oft direkt an der Ostseeküste entlang. Auch den Spuren des alten Ochsenweges kann man folgen. Von Viborg in Dänemark bis Wedel bei Hamburg zieht sich dieser historische Weg mitten durch

Fortsetzung Seite 159

Kreis für Ferien und Freizeit

Das Drei-Sterne-plus-Haus Aurora in traumhafter Lage: Die Schlei befindet sich nur etwa 150 Meter Luftlinie entfernt.

Auf einen Blick

Gründungsjahr: 1976

Mitarbeiter:
je nach Jahreszeit
15 bis 25

Leistungsspektrum:
– 21 Räumlichkeiten, davon 14 Zimmer im Haupthaus und 7 im Gästehaus
– Heinz-Reincke-Suite
– Clubraum für Feste bis 80 Personen
– Restaurant mit „Non-Stop-Service" von 7 bis 23 Uhr
– Saisonale Spezialitäten und Veranstaltungen
– Café
– Angebote für Bus- und Gruppenreisen
– Spezialitäten von Anfang Mai bis Ende August täglich „Nordisches Fischbuffet" oder Steaks vom Grill

Hotel-Restaurant-Café Aurora, Kappeln

Wir über uns: Hotel-Restaurant-Café Aurora

Das Hotel Aurora – die Landarztkneipe – liegt im Herzen der Altstadt von Kappeln. Das Drei-Sterne-plus-Haus verfügt über 21 individuelle Zimmer mit insgesamt 45 Betten, die sich in zwei Häusern befinden. Alle Zimmer sind im skandinavischen Stil eingerichtet und mit Dusche/Bad/WC, TV sowie Telefon ausgestattet. Zum Speisen und Plaudern sitzt man im hauseigenen Restaurant oder in den sonnigen Monaten ganz nach dem Motto „Sehen und gesehen werden" vor dem Haus auf der großzügigen Sonnenterrasse.

Wie gemütlich und behaglich das Verweilen im Hotel Aurora ist, weiß auch der Landarzt. Denn seit der ersten Staffel hat sich die Stammkneipe vom Doktor aus Deekelsen zu einer festen Institution in der ZDF-Fernsehserie „Der Landarzt" entwickelt. Wer Glück hat, trifft hier sogar berühmte Gesichter und kann bei den Dreharbeiten zuschauen.

Zu Ehren des Schauspielers Heinz Reincke wurde im Hotel eine Suite benannt.

Vom Frühstücksbuffet (nicht nur für Hotelgäste) bis zum mehrgängigen Abendessen, das Hotel-Restaurant bietet einen „Non-Stop-Service".

Das Apparthotel Svenson zählt zu den ersten Adressen für Wellnessurlaub in Kappeln an der Schlei.

Auf einen Blick

Angebot:
- Reiki
- Kosmetik
- Massagen
- Thalasso-Behandlungen
- Ayurveda-Anwendungen
- Ohr-Akupunktur
- weitere Pauschalen zum Verwöhnen und Verschönen
- Golfarrangements

Apparthotel Svenson
Kappeln-Kopperby

Wir über uns: Wellness à la carte – Apparthotel Svenson

Zwischen Schlei und Ostsee, unweit der malerischen Kleinstadt Kappeln, liegt im Ortsteil Kopperby das Apparthotel Svenson. ZDF-Fernsehzuschauern ist diese Region auch unter der fiktiven Bezeichnung „Deekelsen" bekannt. Hier wird die Serie „Der Landarzt" gedreht. Haus und Garten zeichnen sich durch ein individuelles Ambiente aus. Die würzige Seeluft lädt ein zu Spaziergängen abseits des Massentourismus.

Das Hotel ist für sein umfangreiches Wellnessangebot weit über die Grenzen der Region hinaus bekannt. Neben Reiki, Kosmetik und Massagen können die Gäste außerdem zwischen zahlreichen Thalasso-Behandlungen und Ayurveda-Anwendungen bis hin zur Ohr-Akupunktur wählen.

Kreis für Ferien und Freizeit

unseren Kreis. Auch diese Route ist ausgeschildert und wird, wie der Ostseeküsten-Radweg, durch Karten- und Informationsmaterial begleitet. Neuester Tourenvorschlag in unserer Region ist die „Grenz-Radroute": Entlang der deutsch-dänischen Grenze entstand ein Erlebnis-Radwanderweg mit vielen historischen Informationen am Wegesrand.

Die touristische Attraktivität des Kreises für radelnde Gäste ist ungebrochen. Seit Mitte der neunziger Jahre nimmt die Zahl der „per Rad" oder „mit dem Rad" anreisenden Gäste zu. Für Gäste, die nicht mit eigenem Fahrzeug kommen, steht ein Netz von

Malerische Radwanderwege laden zu aktiver Freizeit ein.

Fahrradverleih-Stationen zur Verfügung. Im Verbund mit den anderen drei Nordkreisen hat der Kreis Schleswig-Flensburg als Pilotprojekt des Landes ein Konzept zur landesweiten Radwegweisung umgesetzt. So kann der Radler heute über die Kreisgrenzen hinaus den ausgeschilderten Radrouten folgen. ■

Auf einen Blick

Der Landkreis Schleswig-Flensburg bietet Einheimischen wie Gästen ideale Voraussetzungen für Fahrradtouren. Rund 85 Prozent der Bundesstraßen und 50 Prozent der Landes- und Kreisstraßen sind mit Radwegen ausgestattet – das ist beispielhaft in Schleswig-Holstein.

Ohne Ehrenamt geht nichts – Aktives Leben für das Gemeinwesen

Dieter Heuer

Kuno von Kaehne, Priesholz: Als engagierte Persönlichkeit des ländlichen Raumes setzt er sich seit Jahrzehnten ehrenamtlich u. a. als Bürgermeister seiner Gemeinde Rabenholz, Verbandsvorsteher und Landesobmann im Jagdwesen für seine Heimat ein.

„Willst ruhig Du und ohne Sorgen Leben, lass kein Ehrenamt Dir geben." Wie schwer ist es oft, in den Vereinen und Organisationen jemanden für ein Ehrenamt zu finden. Suchen wir die positiven Aspekte: Man lernt interessante Leute kennen, führt vielseitige Gespräche, lebt Gemeinschaft, trägt Verantwortung und kann durch persönliches Engagement selbst gestalten. In jedem Verein finden sich Aufgaben, die auf einzelne Bürger mit ihrem Wissen und ihren Kenntnissen zugeschnitten sind.

In unserer Gesellschaft werden viele Aufgaben durch ehrenamtlich Tätige wahrgenommen – meist durch unentgeltliche, freiwillige Arbeit –, die der Staat nicht leisten kann. Die Bereiche sind mannigfaltig: Verbände und Vereine, Kirchen und Gewerkschaften, Feuerwehren, Rotes Kreuz, Naturschutz, Parteien und Wohlfahrtsverbände, Kranken- und Sterbehilfe, Kinder- und Jugendarbeit usw. Besonders erwähnen möchte ich den Bereich des Sports und damit auch der Gesundheitspflege, der Erziehung und der Gestaltung des Lebens miteinander. Dies ist das größte Feld der ehrenamtlichen Arbeit.

Viele ehrenamtlich Tätige haben nach dem Ausscheiden aus dem Berufsleben oder der fehlenden Anforderung in der Familie zu ihrer Aufgabe gefunden. Doch das Ehrenamt ist auch auf die jüngere Generation angewiesen, denn nur durch den Austausch von Gedanken und Ideen ist eine fruchtbare Zusammenarbeit möglich. Angesichts der immer vielfältigeren Aufgaben im Vereinsbetrieb muss jedoch auch der Wille zur Weiterbildung oder Qualifikation vorhanden sein, denn unsere Gesellschaft wandelt sich, und es ist nicht mehr möglich, einen Verband, einen Verein oder bestimmte Tätigkeitsfelder nach alten Strukturen zu führen. Damit ist aber auch der Staat in der Pflicht, Rahmenbedingungen zu schaffen.

Bürokratismus und Überorganisation machen es den Ehrenamtlern zum Teil sehr schwer. Die Verantwortlichen wären gut beraten, ihre Sorgen und Anregungen ernst zu nehmen und sie mitbestimmen zu lassen. Natürlich gibt es Reibungsverluste im Nebeneinander von Ehren- und Hauptamt, doch sollten diese durch Absprache und Aufgabenverteilung so gering wie möglich gehalten werden.

Wird nun das Ehrenamt von der Öffentlichkeit und der Politik richtig eingeschätzt? Ich möchte nur zwei Beispiele aufgreifen: die Haftungsfragen und die Lücken im Ver-

Kreis für Ferien und Freizeit

Sportlertreffen auf dem Jugendhof „Scheersberg"

sicherungsschutz. Hier ist noch viel zu tun. Auch die öffentliche Anerkennung ist zum Teil nicht weit genug entwickelt. Durch ehrenamtliche Arbeit werden jährlich Hunderte Millionen Stunden in unserem Staat geleistet. Müssten diese bezahlt werden, wäre ein zweistelliger Milliardenbetrag nötig. Im Rahmen der defizitären Haushaltslage der öffentlichen Hand wird leider durch Streichung der „Freiwilligen Leistungen" die Anerkennung ad absurdum geführt.

In unserem Kreis haben sich, wenn auch manchmal nach schwierigen Prozessen, im Großen und Ganzen immer wieder engagierte Bürger für die ehrenamtliche Tätigkeit zur Verfügung gestellt. Hierfür gebührt allen ein großer Dank. Man erwartet von ihnen, dass sie Ideen, Engagement und Power einbringen, vom Zeitfaktor gar nicht zu sprechen. Wir brauchen den gedanklichen Austausch der Generationen. Wir stellen aber auch fest, dass die Älteren in der Regel länger im Ehrenamt bleiben, während sich die Jüngeren eher über einen kurzen Zeitraum oder projektbezogen engagieren. Diesem Faktor muss Rechnung getragen werden.

Wichtig ist, dass die Ehrenamtlichen nicht in den Frust getrieben werden, sondern dass man sie anerkennt und ihre Leistung wertschätzt. Deshalb zum Schluss die Bitte an alle Politiker und Verantwortlichen: Pflegen Sie Ihre Ehrenamtlichen! Ein Wort des Dankes und eine Anerkennung sind oft mehr wert als eine finanzielle Entschädigung.

Auf einen Blick

Ohne Ehrenamt würde auch im Kreis Schleswig-Flensburg vieles nicht funktionieren. Die meisten Engagierten finden sich im Bereich des Sports, gefolgt von Kindergarten und Schule, Kirche, Freizeit und Geselligkeit. Für das Ehrenamt sprechen sowohl ökonomische als auch gesundheitspolitische und pädagogische Gründe. Seine Bedeutung für die Zukunft kann nicht bestritten werden, denn ohne die Menschen, die sich engagieren, wäre unsere Gesellschaft arm dran.

VERZEICHNIS DER PR-BILDBEITRÄGE

Die nachstehenden Firmen, Verwaltungen und Verbände haben mit ihren Public-Relations-Beiträgen das Zustandekommen dieses Buches in dankenswerter Weise gefördert.

Abfallwirtschaftsgesellschaft Schleswig-Flensburg mbH, Schleswig 113
www.asf-online.de / service@asf-online.de

Alte Schule Bojum, Haus für heilpädagogische Erziehungshilfe, Esgrus-Bojum 138, 139
www.alte-schule-bojum.de
brummack-bojum@t-online.de

Alte Schule Lindau, Boren 142, 143
www.alteschulelindau.de
post@alteschulelindau.de

Amt Gelting 20
www.amt-gelting.de / info@amtgelting.de

Amt Handewitt 23
www.amt-handewitt.de / info@amt-handewitt.de

Amt Hürup 27
www.amthuerup.de / info@amt-huerup.de

Amt Kropp 14, 15
www.kropp.de / info@gemeinde-kropp.de

Amt Oeversee 20
www.amtoeversee.de / info@amt-oeversee.de

Amt Satrup 18, 19
www.amt-satrup.de / info@amt-satrup.de

Amt Schuby 25
www.amt-schuby.de / info@amt-schuby.de

Amt Silberstedt 14, 15
www.amt-silberstedt.de / info@amt-silberstedt.de

Amt Stapelholm 14, 15
AmtStapelholm@t-online.de

Amt Steinbergkirche 26
www.amt-steinbergkirche.de
info@amt-steinbergkirche.de

Angler Apotheke, Steinbergkirche 145
www.angler-apotheke.de / info@angler-apotheke.de

Apparthotel Svenson, Kappeln-Kopperby ... 158
www.apparthotel-svenson.de
info@apparthotel-svenson.de

Böklunder Plumrose GmbH & Co. KG, Böklund 69
www.boeklunder-plumrose.de
info@boeklunder-plumrose.de

Bruhn, Hans-Jürgen, Landschlachterei, Niesgrau 90
www.landschlachterei-bruhn.de
k.bruhn@t-online.de

Campingplatz Steinberghaff, Steinberg 154
www.campingplatz-steinberghaff.de
campingplatz-steinberghaff@t-online.de

Christophersen Getränke GmbH, Niesgrau 78
www.christophersen-getraenke.de
www.drinks-bringts.de
hchristophersen@t-online.de

Clausen GmbH & Co. KG, Heinrich N., Satrup 117
www.heinrich-n-clausen.de
naturmuehle@heinrich-n-clausen.de

Clausen Gartenbaumschulen GbR und Clausen, H., Baum- und Rosenschulen, Böklund 92
www.baumschule-clausen.de
info@baumschule-clausen.de

Clausens Feierabend Haus, Kropp 130
www.feierabendhaus-kropp.de
info@feierabendhaus-kropp.de

CREMILK GmbH, Kappeln 79
www.cremilk.com / info@cremilk.com

Dansk Generalsekretariat, Sydslesvigsk Forening, Flensburg 60, 61
www.syfo.de / info@syfo.de

Deutscher Paritätischer Wohlfahrtsverband, Kreisgruppe Schleswig 124
www.essen-auf-raedern-schleswig.de
ear@essen-auf-raedern-schleswig.de

DRK-Kreisverband Schleswig-Flensburg e. V. DRK-Pflegeeinrichtungen Schleswig-Flensburg gGmbH, Schleswig 120, 121
www.drk-sl-fl.de / geschst@drk-sl-fl.de

Ev.-Luth. Kirchenkreis Angeln 66, 67
www.kirchenkreis-angeln.de
PR-KK-Angeln@t-online.de

Anhang

Ev.-Luth. Kirchenkreis Flensburg 66, 67
www.kirchenkreis-flensburg.de
pressestelle@kirchenkreis-flensburg.de

Ev.-Luth. Kirchenkreis Schleswig 66, 67
www.kirchenkreis-schleswig.de
presse.bksl@nordelbien.de

Fachklinik Schleswig, Kliniken & Heime,
  Schleswig 147
www.fachklinik-schleswig.de / info@fksl.de

Ferien- und Seminar-Hof Oster-Bunsbüll,
  Familie Ruhe, Havetoftloit 149
www.oster-bunsbuell.de / ruhe@oster-bunsbuell.de

GEWOBA Nord Baugenossenschaft eG,
  Schleswig 96, 97
www.gewoba-nord.de / info@gewoba-nord.de

Haus Holm, Süderbrarup 129

Haus Südensee, Sörup 129

Holländerhof, Werk- und Wohnstätten für
  behinderte Menschen, Flensburg 126, 127
www.hollaenderhof.de / info@hollaenderhof.de

Hofkontor AG, Eggebek 88
www.hofkontor.de / info@hofkontor.de

Hopeful Hearts GmbH, Ahneby 136, 137
www.hopeful-hearts.de
info@hopeful-hearts.de

Hotel Strandhalle, Schleswig 152
www.hotel-strandhalle.de
strandhalle@ringhotels.de

Hotel-Restaurant Westerholzmühle,
  Westerholz 156
www.westerholzmuehle.de
info@westerholzmuehle.de

Hotel-Restaurant-Café Aurora, Kappeln 157
www.aurora-kappeln.de
hotel@aurora-kappeln.de

Ibbeken GmbH, Schleswig 76
www.ibbeken.de / ibbeken@foni.net

Idstedt-Stiftung, Schleswig 37
www.schleswig-flensburg.de
kreis@schleswig-flensburg.de

Jöhnk, Friedrich, Landmaschinen –
  Maschinenbau, Zentralheizungsbau und
  Sanitär, Böklund 74
www.joehnk-boeklund.de
joehnk-boeklund@t-online.de

Jürgensen GmbH & Co KG, M., Sörup 72, 73
www.m-juergensen.de / info@m-juergensen.de

Jürgensen Autofernverkehr und
  Spedition KG, Karl, Schleswig 71
www.k-juergensen.de / schleswig@k-juergensen.de

Jugendhof Gunneby GbR, Ulsnis 62
www.jugendhofgunneby.de
info@jugendhofgunneby.de

Jugendhof Taarstedt, Arbeitsgemeinschaft
  Heilpädagogische Initiative e. V.,
  Taarstedt 119
www.Jugendhof-Taarstedt.de
ArminJH@aol.com

Kinderhaus Husby 134, 135
www.kinderhaus-husby.de
info@kinderhaus-husby.de

Kinderhaus Sörup 133
www.kinderhaus-soerup.de
kinderhaus-soerup@t-online.de

Kinderhof Norderfeld, Dollerup 131

Kulturstiftung des Kreises Schleswig-
  Flensburg, Schleswig 56
www.schleswig-flensburg.de
kulturstiftung@schleswig-flensburg.de

Martin-Luther-Krankenhaus Schleswig
  GmbH, Schleswig 146
www.mlk-sl.de / info@mlk-sl.de

Motorola GmbH, Flensburg 84
www.motorola.de / www.visitm.de
info@motorola.de

Nebel & Partner, Vermessung und
  Geoinformation, Schleswig 94
www.nebel-partner.de
schleswig@ne-pa.de

NORD-direkt GmbH, Neumünster 114, 115
www.norddirekt.de / info@norddirekt.de

Nord-Ostsee Sparkasse, Schleswig 109
www.nospa.de / info@nospa.de

Omnibusbetrieb Hansen-Borg GmbH
  & Co. KG, Handewitt 82
www.hansen-borg.de / info@hansen-borg.de

Ostangler Versicherungen, Kappeln 75
www.ostangler.de / info@ostangler.de

Pillat Bau GmbH & Co. KG, Kropp 95
www.pillat-bau.de / info@pillat-bau.de

PLANUNGSGRUPPE PLEWA UND PARTNER
GbR, Geografin und Stadtplanerin
Cornelia Plewa, Architekt Klaus Kunert,
Flensburg 98
ppplew@foni.net

Rinderzucht Schleswig-Holstein eG,
Süderbrarup............................ 89
angler@rsheg.de

St. Nicolaiheim Sundsacker e. V.,
Kappelner Werkstätten, Kappeln 122, 123
www.st-nicolaiheim.de / info@st-nicolaiheim.de
www.kappelner-werkstaetten.de
verwaltung@kappelner-werkstaetten.de

SAW Schleswiger Asphaltsplitt-Werke GmbH
& Co. KG, Hauptverwaltung Schleswig 70
www.saw-kg.de / info@saw-kg.de

SCHLESWAG Abwasser GmbH,
Neumünster 114, 115
www.sawg.de / info@sawg.de

Schleswig-Holsteinische
Landestheater und Sinfonieorchester
GmbH, Schleswig.................... 54, 55
sh-landestheater.de
kontakt@sh-landestheater.de

Schleswiger Werkstätten, Schleswig 140, 141
www.schleswiger-werkstaetten.de
info@schleswiger-werkstaetten.de

Senioren- und Pflegeheim Borgwedel GbR,
Borgwedel 125
www.pflegeheim-borgwedel.de
borgwedeltowanda@aol.com

Senioren- und Pflegeheim Luber, Kropp......128

Stadt Glücksburg 29
www.gluecksburg.de / rathaus@gluecksburg.de

Stadtwerke Flensburg GmbH, Flensburg..... 116
www.stadtwerke-flensburg.de
service@stadtwerke-flensburg.de

Strandservice Jan-Hauke Festersen,
Glücksburg........................... 150
JanFestersen@t-online.de

Sydslesvigsk Forening, Dansk Generalsekretariat, Flensburg 60, 61
www.syfo.de / info@syfo.de

VAKU-Spezialitäten & Co. KG,
Steinbergkirche 77
www.vaku.de / info@vaku.de

Verkehrsbetriebe Kreis Schleswig-Flensburg,
Schleswig........................... 80, 81
www.vksf.de / info@vksf.de

Bildquellen

Jörg Hillebrand, Göttingen: S. 14, 18–20, 27 u., 37, 54, 55, 56 o., 60, 61, 71 u., 72–81, 84, 88, 90, 94 o., 95, 116, 117, 119, 122–129, 131, 133, 135 Mi., 135 u., 136, 137, 138 u., 139–141, 145, 146, 156 o., 157 u., 158 u.

Hans-Wilhelm Langholz, Flensburg: Einbandvorder- und -rückseite, S. 6, 8, 9, 11, 13, 16, 17, 21, 22, 26, 29–33, 36, 38, 39, 41, 49–53, 56 u., 57, 63, 70 o., 87, 91, 92, 100–102, 104, 107 o., 148, 151, 152 u., 153, 155, 156 u., 159–161.

Archiv (Werkaufnahmen): S. 25, 94 u., 98, 109, 120, 121, 130, 134, 135 u., 138 o., 142, 143, 150, 152 o., 158 o.; Johannes Ahrens, Sieverstedt: S. 66; Arbeitsgemeinschaft Ochsenweg e. V., Schleswig: S. 46 Mi. re., 46 u., 47; Archäologisches Landesamt Schleswig-Holstein, Schleswig: S. 46 o.; Jürgen Arff, Gunneby: S. 62; Dörte Clausen, Wanderup: S. 27 o.; Arthur Christiansen, Jarplund-Weding: S. 23 o.; Cramers Kunstanstalt, Dortmund: S. 154; Andreas Crystall, Sterup: S. 65; Diakoniestation, Amt Oeversee: S. 67 u.; Christian Edelhoff, Kiel: S. 96, 97; Foto Raake, Flensburg: S. 45; Fotostudio Jane Wander, Kappeln: S. 157 o.; Fremdenverkehrsverein Stapelholm: S. 15; Genossenschaftsverband Norddeutschland e. V., Hannover: S. 110, 111; Claus Göhler, Studio für Fotografie, Schleswig: S. 71 o., 113, 147; Handwerkskammer Flensburg: S. 105, 107 u; Ing.-Büro Bertz, Lübeck: S. 114 o.; Tom Krausz, Hamburg: S. 70 u.; Kreis Schleswig-Flensburg: S. 10; Friedhelm Kummetz, Ulsnis: S. 64; Landesmuseen Schloss Gottorf: S. 43, 44; MEV Verlag GmbH, Augsburg: S. 118, 132, 144; NORD-direkt GmbH, Neumünster: S. 114 o., 114/115 u.; Puck und Sachau, Freischaffende Architekten GmbH, Schleswig: S. 99; R(h)rapsodie, Nieharde: S. 67 o.; Gerd Riemer, Handewitt: S. 23 u.; Studio Basiar, Ülsbyholz: S. 149; Claus-Peter Tordsen, Süderbrarup: S. 89; Wirtschaftsförderungs- und Regionalentwicklungsgesellschaft Flensburg/Schleswig mbH (WiREG): S. 34, 35; Olaf Wöhlk, Kiel: S. 69; Manfred Zernisch, Handewitt: S. 82